l'ABCdaire du Soudan

Royaumes sur le Nil

Catherine Berger
Bérénice Geoffroy-Schneiter
Jean Leclant

INSTITUT DU MONDE ARABE
معهد العالم العربي

Flammarion

LES QUESTIONS QUE L'ON SE POSE

Le Soudan nous livre aujourd'hui un patrimoine important mais néanmoins méconnu. Voisine d'une Égypte admirée et étudiée depuis plus de deux siècles, pourquoi cette région a-t-elle été délaissée si longtemps par les archéologues ?

Passerelle nécessaire entre Afrique noire et monde méditerranéen, le Soudan a vu se développer à Kerma, Napata et Méroé des royaumes étatisés. Comment leurs souverains ont-ils pu être assez puissants pour inquiéter l'Égypte pharaonique et traiter à égalité avec l'Empire romain ?

La richesse des vestiges est une trace éloquente de la culture de ces royaumes : une céramique d'une qualité exceptionnelle depuis les temps les plus reculés, des pyramides aux formes élancées, des sculptures expressives entre réalisme et stylisation… Peut-on parler d'un langage esthétique proprement nubien ?

COMMENT L'ABCdaire Y RÉPOND...

Le guide de l'abécédaire p. 6

Il explique comment comprendre les civilisations antiques du Soudan en regroupant les notices de l'abécédaire selon trois perspectives. Un code de couleurs indique le genre de chaque notice :

■ Les vestiges :
les sites,
les monuments,
les objets.

■ L'histoire :
les royaumes de Koush,
l'Égypte,
les découvreurs.

■ La société :
l'État,
les religions,
les coutumes.

À partir de la lecture de ces notices, et grâce aux renvois signalés par les astérisques, le lecteur voyage comme il lui plaît dans l'abécédaire.

L'abécédaire p. 29

Par ordre alphabétique, on trouvera dans ces notices tout ce qu'il faut savoir pour entrer dans l'univers du Soudan. L'information est complétée par les éclairages suivants :
- des commentaires détaillés sur ses principaux sites et les pratiques artistiques majeures ;
- des encadrés qui précisent l'environnement culturel dans lequel s'inscrivent les civilisations antiques du Soudan.

Le Soudan raconté p. 11

En tête de l'ouvrage, les civilisations qui se sont succédé sur le sol soudanais sont restituées dans leur développement historique. Cette synthèse reprend l'articulation du guide de l'abécédaire en développant chacun de ses thèmes.

G U I D E

I. LA RÉVÉLATION D'UN PATRIMOINE ARCHÉOLOGIQUE

A. La Nubie millénaire

La civilisation nubienne se développe dans le « corridor » par où transitent les ressources de l'Afrique profonde jusqu'à la brillante Égypte des pharaons. Les premiers textes sur la Nubie sont égyptiens et font preuve d'une certaine partialité. Les Grecs puis les Romains en feront un pays mythique.

- *Bestiaire*
- *Écriture*
- *Éléphant*
- *Épidémie*
- *Éthiopie*
- *Forteresse*
- *Gravure rupestre*
- *Héliodore*
- *Hérodote*
- *Nil*
- *Or*
- *Pygmée*

B. Les premiers archéologues

Suite à l'expédition d'Égypte (1798-1799) conduite par Bonaparte, Frédéric Cailliaud (en 1821) puis Karl Richard Lepsius (de 1842 à 1845) dirigent les premières enquêtes systématiques en Nubie. Oubliée pendant un demi-siècle, elle est de nouveau étudiée quand l'érection du barrage d'Assouan menace ses sites.

- *Cailliaud (Frédéric)*
- *Découvreur*
- *Désert*
- *Frontière*
- *Lepsius (Karl Richard)*
- *Littérature*
- *Montagne sainte du Djébel Barkal*
- *Voyageur*

C. La campagne de l'U.N.E.S.C.O.

Le nouveau projet du Grand-Barrage, en 1956, condamne toute la vallée à être submergée. L'U.N.E.S.C.O. lance en 1960 un appel international et met sur pied un plan de sauvetage. Les monuments menacés les plus précieux sont « déplacés » ; une vaste étude est accomplie dans l'urgence. L'archéologie de la Nubie est devenue l'une des mieux connues du monde.

- *Khartoum*
- *Nubie*
- *Philae*
- *U.N.E.S.C.O.*

II. UN PAYS CONVOITÉ

A. La mainmise de l'Égypte

Très tôt les pharaons ont essayé de maîtriser le couloir stratégique du haut Nil, en l'occupant militairement ou en y contrôlant le commerce. Parcourue par des expéditions à l'Ancien Empire, la Nubie est en partie annexée au Moyen Empire. Totalement conquise au Nouvel Empire, elle est gérée par une administration égyptienne.

- *Aménophis III*
- *Chasse*
- *Égypte*
- *Fonctionnaire*
- *Frontière*
- *Kerma*
- *Mirgissa*
- *Napata*
- *Ramsès II*
- *Soleb*
- *Temple*
- *Tribut*

B. Le royaume de Koush

Au milieu du VIIIe siècle av. J.-C., une dynastie locale apparue dans la région de Napata part à la conquête de l'Égypte. Le royaume de Koush soumet bientôt toute la vallée du Nil et constitue la XXVe dynastie des pharaons, dite « éthiopienne ». Chassés par les Assyriens, les Koushites se replieront au Sud ; craignant la menace de l'Égypte, ils installeront leur capitale à Méroé.

- *Exotisme*
- *Girafe*
- *Koush (royaumes de)*
- *Méroé*
- *Métallurgie*
- *Naga*
- *Qasr Ibrim*
- *Roi fondateur*
- *Sai*
- *Sédeinga*
- *Souveraineté*
- *Taharqa*

C. *Modus vivendi* avec le monde gréco-romain

Le royaume de Koush connaît une renaissance alors que les Lagides (323-30 av. J.-C.) règnent sur l'Égypte. Convoitée dès la fin du Ier siècle av. J.-C. par les Romains, la province de Dodécaschène trouvera un *modus vivendi* avec ses nouveaux voisins. La Nubie est christianisée au VIe siècle ap. J.-C. et subit l'influence de Byzance. Elle sera conquise par l'Islam au XVe siècle.

- *Ambassade*
- *Amphore*
- *Dodécaschène*
- *Ergamène*
- *Isis*
- *Islam*
- *Rome*
- *Traité de paix*
- *Vin*

III. SPÉCIFICITÉ DES ROYAUMES DU SOUDAN

A. Une civilisation africaine

Les civilisations koushites apparaissent comme profondément africaines, depuis leurs gravures rupestres qui appartiennent à l'art pariétal du Sahara, jusqu'à l'habitat et la céramique d'époque Kerma.

- *Afrique*
- *Bélier*
- *Caravane*
- *Chrétiens (royaumes)*
- *Citerne*
- *Dongola el-Agouz*
- *État*
- *Néolithique*
- *Pount (pays de)*
- *Scarification et tatouage*
- *Ville*

B. Les règles d'une société

Il semble que les dirigeants koushites aient de tous temps revendiqué des liens avec les forces sacrées, qu'il s'agisse des chefs de clans au néolithique ou des rois de Napata puis de Méroé. Dans cette société de type tribal, les femmes occupent une position importante, allant même jusqu'à assumer la souveraineté, à l'époque des Candaces.

- *Apedemak*
- *Candace*
- *Cruauté*
- *Hathor*
- *Lion*
- *Pèlerinage*
- *Rituel funéraire*
- *Tumulus*

C. Des modèles réinventés

La civilisation koushite eut toujours beaucoup d'admiration pour les arts de l'Égypte voisine. Elle la prit souvent pour modèle, mais élabora également ses propres canons esthétiques, qui témoignent d'une étonnante puissance de création.

- *Bronze*
- *Céramique*
- *Portrait*
- *Pyramide*
- *Statue-ba*
- *Stylisation*
- *Trésor d'Amanishakhéto*
- *Verrerie*

LE SOUDAN RACONTÉ

Le Nil*, ample fleuve qui naît des grands lacs équatoriaux, traverse du sud au nord le Soudan actuel, apportant avec lui vie et richesse à une latitude où s'étendent des déserts rigoureux, avant d'atteindre l'Égypte* puis la Méditerranée. Voie de communication évidente entre le centre de l'Afrique* et l'Égypte, son cours est interrompu par six cataractes, parfois difficiles à franchir. Entre ces cataractes se trouvent des bassins protégés : à l'abri de la Ire cataracte – la frontière naturelle de l'Égypte, juste en amont d'Assouan –, la Nubie* va développer une civilisation particulière, longtemps occultée par celle des pharaons voisins. Traditionnellement, on désigne comme Basse-Nubie la région jusqu'à la IIe cataracte, et comme Haute-Nubie celle plus au sud, jusqu'à la IVe cataracte.

Amon accueille le roi Natakamani. Naga, temple d'Amon, période méroïtique, fin du Ier siècle av. J.-C.

I. La révélation d'un patrimoine archéologique

A. La Nubie millénaire

Les déserts que traverse aujourd'hui le Nil, au nord, étaient sans doute moins rigoureux dans l'Antiquité. Les gravures* rupestres qui parsèment falaises et rochers évoquent volontiers la grande faune paléo-africaine qui autrefois animait le paysage familier des Nubiens. À travers les millénaires, la civilisation nubienne – le pays de Koush* des textes anciens, riche de grands troupeaux – se développe entre les Ire et IVe cataractes autour de sites-marchés, au bord du Nil, par où parviennent les produits africains, mais où convergent aussi les pistes de la mer Rouge et des régions de l'Est, celles enfin du Darfour ou du Kordofan. On a qualifié la Nubie de « corridor africain ». Les Koushites sont ainsi les interlocuteurs obligés des pharaons lorsque ceux-ci cherchent à acquérir les produits du Sud, par exemple l'encens ou les peaux de félins dont ils ont besoin pour l'exercice de leur culte.

Têtes de figurines féminines. Aniba, groupe C. Terre cuite, h. 5,5 et 6,5. Leipzig, Ägyptisches Museum.

Il faut attendre la fin du IIIe siècle av. J.-C. pour qu'une écriture* fixe la langue parlée à l'époque au sud d'Assouan. Jusque-là, la Nubie ne semble pas avoir élaboré d'écriture propre, même pendant l'apogée du royaume de Kerma, où les hiéroglyphes égyptiens (sans qu'on en ait retrouvé beaucoup de traces) devaient servir pour les échanges commerciaux. La documentation fournie par les textes sur la Nubie provient donc de l'Égypte voisine. Vainqueur par essence des contrées étrangères, symbolisées dans les neuf arcs qu'il foule au pied, Pharaon ne peut porter qu'un regard condescendant sur les pays du Sud. La Nubie représente pourtant une réelle menace pour l'Égypte, qui s'en protège au Moyen Empire. Repoussant sa frontière* à la IIe cataracte, elle y construit un réseau de forteresses* pour bloquer la navigation sur le Nil et contrôler le commerce, tout en contenant les Nubiens plus au sud. Les textes gravés par les Sésostris (environ 2050-1800 av. J.-C.), tout le long de la IIe cataracte jusqu'à Semna, relèvent d'une véritable guerre psychologique : le Nubien est obligatoirement « vil » ou « couard ». Nous savons pourtant par les sources égyptiennes que les armées de Pharaon étaient constituées en grande partie de mercenaires nubiens, et que les échanges entre les deux pays étaient nombreux.

En dehors de ce discours officiel et partial, rares sont les témoignages égyptiens exploitables. Des expéditions en quête d'or*, de bétail ou de matériaux (comme certaines pierres dures utilisées dans l'architecture) laisseront sur leur parcours des graffites, livrant quelques noms de leurs membres et quelques dates. Mais cela ne contribue guère à une meilleure connaissance du pays.

Plus tard, aux époques napatéenne et méroïtique, les historiens et géographes grecs et romains s'intéresseront à la Nubie. Mais là encore la quête est décevante, car l'affabulation mythique fera de « l'Éthiopie* » un univers merveilleux. Même les notes de Sénèque ou de Pline se contentent de répéter des sources plus anciennes ; elles font facilement un amalgame entre l'Égypte et les pays plus au sud, le « Noir » évoquant dans le monde méditerranéen la vallée du Nil dans son ensemble.

À gauche et au centre : figurines de bovidé et de mouton. Aniba, groupe C. Terre cuite, 12 × 13 et 5 × 7. Leipzig, Ägyptisches Museum. Au fond, à droite : figurine de mouton. Aniba, groupe C. Terre cuite, 5,5 × 10,5. Berlin, Ägyptisches Museum und Papyrussammlung.

Frédéric Cailliaud, *Vue du temple de Soleb prise du nord-est.* Lithographie extraite du *Voyage à Méroé*, 1826.

B. Les premiers archéologues

Les exploits des soldats français de l'expédition d'Égypte (1798-1799), parvenus jusqu'à Assouan, mettent la vallée du Nil au goût du jour. Mais les voyageurs*, rebutés par les difficultés de toutes sortes et la rudesse du climat, ne dépassent guère la IIe cataracte. Quand les troupes égyptiennes se lancent en 1820 à la conquête du Soudan, quelques Européens, transfuges des armées de l'Empire ou jeunes aventuriers, les accompagnent et partent à la découverte de régions dont on ne connaît alors quasiment rien, hormis ce qu'en ont dit les auteurs classiques. Frédéric Cailliaud* publie en 1826 la première enquête systématique sur les régions au sud de l'Égypte, qui reste encore une mine pour les archéologues*. Jean-François Champollion, à la tête de l'expédition franco-toscane, s'arrête à la IIe cataracte avant de revenir, épuisé, en Europe. Le second grand découvreur* de l'archéologie soudanaise est Karl Richard Lepsius* qui, dirigeant une mission prussienne de 1842 à 1845, accomplit une étonnante prospection systématique des deux rives du Nil, jusqu'à la région du Dinder, à la frontière de l'Éthiopie. Puis le pays de Koush retombe dans l'oubli.

Entre 1883 et 1898, il est même coupé du monde du fait de la terrible révolte du Mahdi. Au lendemain de la guerre livrée contre le Mahdi, une frontière artificielle est tracée à travers la Nubie, qui appartient désormais à deux États : le Nord revient à l'Égypte et le Sud (future république du Soudan) devient un territoire anglo-égyptien, à l'étrange statut mixte. Au début du XXe siècle, une sorte de bilan

John Gardner Wilkinson, *Vue de Philae*, v. 1822. Aquarelle. Paris, Bibliothèque nationale de France.

archéologique superficiel du Soudan anglo-égyptien est dressé par le directeur du British Museum, Sir Wallis Budge, qui a été invité à un grand voyage d'inspection. Puis un Américain, J. H. Breasted, entreprend une reconnaissance sur le Nil et photographie de nombreux monuments.

C'est alors que la construction d'un barrage à Assouan incite Gaston Maspero, directeur du Service des antiquités, à organiser l'exploration de la zone qui va être recouverte par les eaux de retenue. Pierre Loti, parmi d'autres, pleure, dans *La Mort de Philae*, sur le sort de l'île d'Isis* condamnée à disparaître plusieurs mois par an sous le lac du barrage. L'Américain G. Reisner et l'Anglais C. M. Firth mènent alors une reconnaissance très minutieuse de la Nubie égyptienne. Des fouilles américaines entreprises dans les grands cimetières de Basse-Nubie procureront à F. Ll. Griffith un abondant matériel inscrit qui l'aidera à proposer, en 1909-1911, le déchiffrement de l'écriture méroïtique.

C. La campagne de l'U.N.E.S.C.O.

En 1929, le rehaussement du barrage entraîne une nouvelle reconnaissance *(survey)* et la mise en évidence de monuments majeurs des cultures post-méroïtiques ou groupe X. Mais la Nubie reste loin des préoccupations des autorités archéologiques, tant du Caire que de Khartoum*. En 1956, Gamal Abd el-Nasser demande à des techniciens russes de concevoir un nouveau barrage dont les spécificités sont bientôt connues : 500 km de longueur, jusqu'à Dal en amont de la IIe cataracte ; c'est la disparition totale de la vallée. La rencontre de personnalités de grande culture, enthousiastes et soucieuses de l'avenir du patrimoine, est déterminante : Sarouat Okacha, ministre égyptien de la Culture, Thabit Hassan Thabit, responsable des Antiquités du Soudan, et René Maheu, directeur général adjoint de l'U.N.E.S.C.O.*, entreprennent de mettre sur pied un plan de sauvetage, centré d'abord sur les monuments déjà connus, puis englobant un nouveau *survey* systématique.

En écho à l'appel solennel lancé par le directeur général de l'U.N.E.S.C.O., Vittorino Veronese, le 8 mars 1960, André Malraux répond : « Pour la première fois, toutes les nations sont appelées à sauver ensemble les œuvres d'une civilisation qui n'appartient à aucune d'elles... avec [cet appel] la première civilisation mondiale revendique publiquement l'art mondial comme son indivisible héritage. » Paradoxe étonnant de la Nubie : déshéritée à travers les millénaires, son archéologie, dans l'ensemble pauvre, est en passe de devenir l'une des moins mal connues du monde.

II. Un pays convoité

A. La mainmise de l'Égypte

Dès l'époque néolithique* (environ 6 000 ans av. J.-C.) la Nubie pastorale évolue de façon autonome par rapport à une Égypte agricole, soumise à la crue du Nil, même si des échanges entre les deux régions sont bien attestés. Avec les premières dynasties égyptiennes, commence une longue suite d'expéditions militaires et commerciales dans les régions au sud de la Ire cataracte, les pharaons cherchant à contrôler directement ce passage obligé vers les richesses africaines. Au Moyen Empire, c'est l'annexion pure et simple de la Basse-Nubie et le report de la frontière sud de l'Égypte à la IIe cataracte, protégée par le Batn el-Hagar.

Dans la seconde moitié du IIe millénaire, les Koushites du royaume de Kerma* réinvestissent la zone qu'ils avaient dû renoncer à parcourir, profitant d'un affaiblissement certain du pouvoir de l'Égypte pendant la 2e Période intermédiaire. Une dynastie thébaine y mettra fin en reconstituant l'unité du pays. Les armées de Pharaon reprennent alors le chemin du Sud, dépassent l'ancienne frontière de la IIe cataracte et atteignent, sous Thoutmosis Ier (vers 1500 av. J.-C.), la région de Tombos, en amont de la IIIe cataracte. Tout le riche bassin qui a vu l'épanouissement du royaume de Kerma est désormais à la portée de l'Égypte qui fixe sa frontière en aval de la IVe cataracte et développe, au pied du Djébel Barkal, le site de Napata*, au croisement d'axes majeurs de communication vers la mer Rouge et l'Afrique. Pendant la XVIIIe dynastie, la Nubie toute entière est exploitée directement par une administration égyptienne qui semble mener une véritable politique de colonisation. Les premiers Ramsès* sont encore actifs à travers la Nubie, mais les intérêts pharaoniques ont changé. C'est vers le Nord et la Méditerranée que se tourne désormais l'Égypte ; peu à peu le silence tombe sur la Nubie, coupée des influences du Nord.

Miroir. Bouhen, XVIIIe dynastie, v. 1400 av. J.-C. Bronze, 27,7 × 15,9 × 3,5. Khartoum, Musée national.

Cintre de la stèle du roi Nastasen. Djébel Barkal, période napatéenne, v. 335-315 av. J.-C. Granit. Berlin, Ägyptisches Museum und Papyrussammlung.

B. Le royaume de Koush

Nous ignorons quasiment tout de ce qui se passe au sud d'Assouan pendant les trois siècles qui précèdent l'émergence, dans la région de Napata, d'une dynastie locale, peut-être apparentée aux anciens rois de Kerma, plutôt que constituée des descendants de prêtres égyptiens qui auraient fait souche près du Djébel Barkal, comme on l'avait autrefois suggéré. Au milieu du VIIIe siècle av. J.-C., le roi* Piye fait graver en hiéroglyphes égyptiens la célèbre stèle de la Victoire, érigée à Napata. Il y rappelle comment, lors d'un raid audacieux, il est parti à la conquête de l'Égypte et a pu atteindre le delta, réduisant un à un les dynastes indépendants qui divisaient le pays. Ses successeurs soumettent au royaume de Koush la vallée du Nil jusqu'à la Méditerranée, constituant la XXVe dynastie, dite « éthiopienne ». Partout, ces Koushites se présentent comme de vrais Égyptiens, soucieux de la tradition la plus classique. Deux *uræi* au front les distingueront pour-

tant des autres pharaons ; ils soulignent ainsi leur double souveraineté*, sur l'Égypte et sur le pays de Koush. Entraînés dans le conflit qui déchire le Proche-Orient, ils seront finalement battus par les Assyriens, qui mettent à sac Thèbes en 663 av. J.-C. Le dernier pharaon de la XXVe dynastie, Tanoutamon, chassé d'Égypte, se réfugie à Napata où il se fera enterrer.

Au sud de l'Égypte, va s'épanouir pendant un millénaire un État* koushite de plus en plus africain. Sa capitale est d'abord Napata, au pied de la montagne* sainte du Djébel Barkal, puis, vers le VIe siècle av. J.-C., Méroé*, située bien plus au sud, en amont de la Ve cataracte, sur la rive droite du Nil. Si les liens avec l'Égypte semblent rompus, les armées de Darius et de Xerxès, qui occupent le trône des pharaons à la fin du VIe siècle av. J.-C., comptent pourtant des contingents nubiens ; une girafe* (ou un okapi ?), conduite par un Éthiopien, figure encore dans la procession des tributs* de l'Apadana de Persépolis.

Double page suivante : *Ouchebtis* du pharaon Taharqa. Nuri, XXVe dynastie, v. 690-664 av. J.-C. Serpentine, granit, albâtre et calcaire, h. 19,5 à 34,5. Boston, Museum of Fine Arts.

C. Modus vivendi avec le monde gréco-romain

La renaissance nubienne s'affirme au milieu du IIIe siècle av. J.-C. : Diodore de Sicile mentionne Ergamène*, un souverain koushite féru de culture grecque. La Basse-Nubie reste un enjeu disputé entre les rois koushites et les Lagides, puis les Romains : après des conflits impitoyables, un *modus vivendi* s'impose peu à peu dans la province de Dodécaschène* ; un traité* de paix est même signé entre Rome* et Méroé.

À la fin du IIIe siècle, l'empereur Dioclétien (245-313) renonce à toute prétention sur la Basse-Nubie et reporte la frontière de l'Empire à Assouan. Les Romains finiront par se désintéresser de cette région instable, éternelle source de conflits avec des peuplades semi-nomades, impossibles à contrôler. La mer Rouge est devenue un axe commercial important et la Nubie est éclipsée par une nouvelle puissance, le royaume d'Axoum. Nous ignorons tout de la disparition de Méroé. Vers 330 ap. J.-C., Ezana, premier roi chrétien d'Axoum, constate seulement qu'il a trouvé la ville en ruine.

Jusqu'à la fin du Ve siècle, le silence se fait à nouveau sur la Nubie. En liaison étroite avec le sanctuaire d'Isis à Philae*, le royaume de Koush reste le domaine des païens, au sud d'une Égypte christianisée. Les bassins le long du fleuve s'organisent sans doute en petites principautés plus ou moins indépendantes. Les cimetières de Ballana et de Qoustoul, en Basse-Nubie, ont livré des tombes de chefs locaux, dont les funérailles rappellent par bien des aspects celles des princes de Kerma. Il en est de même pour de très nombreux tumuli* qui viennent d'être découverts entre les Ve et VIe cataractes. Vers 550, un moine monophysite, envoyé par l'impératrice Théodora, entreprend de christianiser le pays. La Nubie connaîtra alors, pendant près d'un millénaire, une période heureuse après qu'un traité a été signé en 641 avec l'Égypte islamisée. Les influences byzantines sont notables dans le Nord du pays, surtout en architecture et en peinture. Les relations avec l'Égypte et les pays arabes sont parfois conflictuelles : au IXe siècle, une ambassade* nubienne n'hésite pas à gagner Bagdad pour renégocier sans doute les termes du traité.

Les marchands arabes circulaient à leur gré dans la Nubie chrétienne* où ils étaient libres d'exercer leur culte. Peu à peu ils semblent avoir pénétré très largement tout le pays dont la conquête est achevée au XVe siècle, sans guerre sainte ni bataille décisive, semble-t-il.

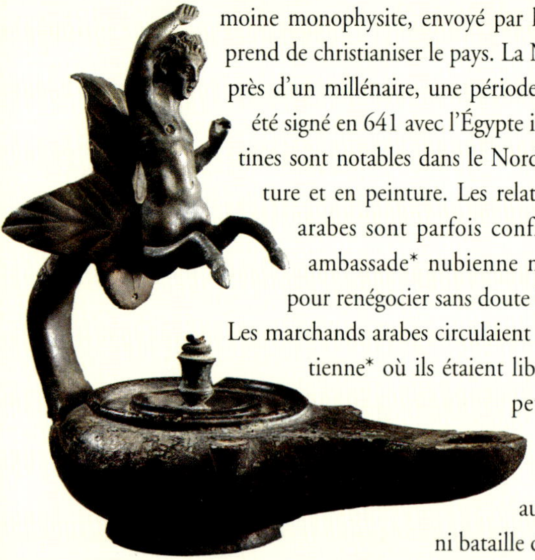

Lampe. Méroé, Ier siècle. Bronze, 6 x 21 x 13. Khartoum, Musée national.

La Nativité. Fresque provenant de la cathédrale de Faras. Khartoum, Musée national.

III. Spécificité des royaumes du Soudan

A. Une civilisation africaine

Dès les plus hautes périodes où il est possible de saisir leurs caractères spécifiques, les civilisations koushites apparaissent comme profondément africaines. Entre les Ire et IVe cataractes, les milliers de gravures rupestres déjà recensées de part et d'autre du Nil appartiennent, par leur style, au grand art pariétal qui se développe à travers tout le Sahara, de l'Atlantique à la mer Rouge, même si les techniques et les thèmes attestent d'évidentes différences régionales. Elles sont l'œuvre de populations nomades qui se déplacent sur de très longues distances avec leurs troupeaux, tout en vivant de chasse* et de cueillette. Ces gravures cherchent sans doute à assurer le triomphe du chasseur sur les animaux représentés, ou, plus tard, avec les innombrables représentations de bovidés, à favoriser la richesse des troupeaux :

matérialisation magique, mais sans doute aussi expression d'une certaine religiosité quand ces animaux sont parés de disques entre les cornes (comme les béliers* retrouvés enterrés à Kerma).
Grâce aux fouilles de l'Université de Genève, nous commençons à mieux connaître l'aspect et les structures des villes* du royaume de Kerma : elles mêlent huttes en bois ou en paille, et bâtiments en terre crue, et évoquent immédiatement les grandes villes, du Mali ou du Niger actuel. La céramique*, dont la qualité remarquable restera une constante du pays de Koush, montre aussi de solides racines sahéliennes.

Tête masculine. Amir Abdallah, période méroïtique, IIe-IIIe siècle. Grès, 59 × 16 × 21. Khartoum, Musée national.

B. Les règles d'une société

La présence d'une idole en pierre dans une sépulture du néolithique final, à Kadruka, témoigne déjà des relations particulières que le chef du clan tisse avec les forces du sacré. Bien plus tard, le roi de Napata est clairement choisi par le dieu Amon de la montagne sainte du Djébel Barkal. Le roi méroïtique, dans son rôle de prêtre, s'impose comme intermédiaire avec le monde des dieux.
À travers toute l'histoire du pays de Koush, les structures sociales, dans la mesure où les maigres sources nous permettent de les cerner, mettent en évidence des clans et des tribus où le rôle des femmes est éminent ; on a été jusqu'à évoquer des sociétés matriarcales. Les

Linteau de porte provenant du temple du Lion, Musawwarat es-Sufra, période méroïtique, v. 200 av. J.-C. Grès, 64 × 88 × 37. Berlin, Ägyptisches Museum und Papyrussammlung.

Statue de femme. « Bains » de Méroé, période méroïtique, IIe-IIIe siècle. Grès stuqué et peint, 88 × 36,5 × 29. Munich, Staatliche Sammlung Ägyptischer Kunst.

règles de transmission du pouvoir reflètent également ces mêmes traditions, puisque la succession ne se fait pas de père en fils, mais d'oncle à neveu, à l'intérieur d'un clan.

C. Des modèles réinventés

Ces populations, aux coutumes si différentes des leurs, apparaîtront anarchiques et incontrôlables tant à l'Égypte sédentaire qu'à Rome, qui renonce d'ailleurs à les conquérir. Les Nubiens seront en revanche toujours « éblouis » par leur voisin du Nord, dont ils tenteront de copier bien des éléments. Pendant toute la période d'exploitation coloniale, au Nouvel Empire, l'Égypte a dû tenter d'imposer ses coutumes et ses dieux au pays de Koush. Qu'en reste-t-il après le départ des fonctionnaires* égyptiens ? Sans doute bien peu. En détruisant le royaume de Kerma, l'épisode égyptien a interrompu un lent processus d'élaboration qui reprendra à la fin du IIe millénaire av. J.-C. Avec la XXVe dynastie, ce sont des Africains qui s'imposent sur le trône d'Égypte.

Les rituels* funéraires égyptiens, que les Koushites utiliseront à Napata, sous leurs pyramides*, vont rapidement évoluer. La pyramide elle-même va être transformée, peinte, couronnée d'éléments divers. Les cultes figurés dans les chapelles royales méroïtiques n'ont plus grand chose de commun avec ceux des pharaons d'autrefois ; tout semble repensé à la koushite, avec des canons esthétiques propres qui traduisent une étonnante puissance inventive.

L'écriture méroïtique elle-même, qui sert à fixer une langue dont on ne comprend toujours pas l'essentiel, utilise des signes empruntés à l'Égypte. Mais chaque hiéroglyphe est inversé par rapport à son sens de lecture égyptien, comme par une volonté farouche de bien se différencier de son modèle !

Si elle emprunte beaucoup aux canons de l'Égypte pharaonique, la civilisation koushite se distingue cependant par sa forte originalité. Elle se complait aux scènes de domination, voire de cruauté*. La variété d'inspiration caractérise le décor aussi bien des poteries, d'excellente qualité, que des compositions murales parant temples* et chapelles funéraires. Par ses traits vigoureux, l'art méroïtique prend sa place parmi les créations les plus puissantes de l'art africain.

Jean LECLANT

Bol. Karanog, milieu du IIIe siècle. Bronze, 17,3 × 26,2. Philadelphie, University of Pennsylvania, Museum of Archaeology and Anthropology.

Afrique

Le pays de Koush* appartient à l'Afrique des latitudes sahariennes et sahéliennes. Il s'étend sur les rives des Nils*, source de vie comme en Égypte*, mais aussi voie de navigation, au confluent de pistes venant du cœur du continent. Même si les rapports avec le Nord et la Méditerranée sont évidents et contribuent à l'élaboration des caractères propres de la civilisation koushite, ce sont d'abord de solides traditions africaines qu'on observe tout au long de son histoire ; elles lui permettront d'assimiler les influences des pays avoisinants en les recréant d'une manière originale et puissante.

Un décor gravé sur un bol de Karanog représente une scène de la vie quotidienne en Basse-Nubie*, aux environs de l'ère chrétienne* : devant sa hutte, une reine à l'embonpoint épanoui contemple ses troupeaux, sa vraie richesse. Cette scène pourrait déjà parfaitement caractériser le royaume de Kerma*, un millénaire et demi plus tôt, ou, tout près de nous, les chefferies sahéliennes. La femme occupe une place importante au pays de Koush. Le rôle décisif de la mère et des sœurs du roi est clair dès l'époque napatéenne*. À Méroé*, la Candace* peut diriger le pays et ses armées. Traditionnellement, et encore à l'époque chrétienne, la succession ne se fait pas de père en fils, mais d'oncle à neveu, à l'intérieur d'un clan.

Africains, les royaumes koushites le sont dans leurs expressions religieuses, par leurs traditions artistiques également, dont témoignent en particulier les céramiques*, support privilégié pour leur invention décorative. Avec toutes ses richesses et son luxe, le pays de Koush symbolisera l'Afrique pendant des millénaires pour tous ses voisins du Nord. CB

Statue-*ba*. Karanog, période méroïtique, IIe-IIIe siècle ap. J.-C. Grès, 70 × 20 × 49. Philadelphie, University of Pennsylvania, Museum of Archaeology and Anthropology.

Ambassade

Voir Traité de paix

Décor gravé sur le bol.

Tête colossale d'Aménophis III en granit rose. Paris, Louvre.

AMÉNOPHIS III
Le pharaon bâtisseur

Aménophis III (env. 1400-1370 av. J.-C.) n'apparaît certes pas comme un grand conquérant en Nubie*, mais il y a laissé une superbe empreinte. Quand il monte sur le trône, la suprématie de l'Égypte*, au faîte de sa puissance, est reconnue du Proche-Orient à la IVe cataracte. Ce roi, qui ne semble pas avoir eu de goût particulier pour la guerre (on n'en connaît qu'une sous son règne, une simple expédition punitive en Nubie), développe en revanche une activité architecturale remarquable, du delta jusqu'au lointain Soudan, à une époque où stabilité politique, richesse et luxe permettent une merveilleuse apogée artistique.

Amphore

Des amphores, égyptiennes, grecques ou romaines, ont été retrouvées en grand nombre à travers toute la Nubie* et le Soudan, non seulement sous les pyramides* des notables, parmi le mobilier funéraire qui accompagnait les défunts, mais aussi dans les temples, les palais, les réserves et les maisons, les forteresses* et les sièges de garnisons. Témoignages exceptionnels sur la vie quotidienne et les relations commerciales, leur étude est complexe, car leur durée de vie peut avoir été longue et leurs réutilisations multiples.

Le contenu d'origine des amphores est souvent identifiable grâce à leur forme. Leur provenance peut être indiquée parfois par la composition de la pâte, un cachet sur l'anse, un graffite sur l'épaule (comme « vin* de Rhodes », sur un exemplaire découvert dans une pyramide du Djébel Barkal) ou la mention, gravée en grec, de leur contenance. On commence à bien connaître la diffusion du vin et de l'huile d'olive depuis leurs lieux de production, parfois bien loin de la vallée du Nil*. Au IIIe siècle, des répliques d'anciennes amphores romaines étaient produites en masse, près d'Alexandrie, pour stocker un vin égyptien ressemblant aux fameux crus d'Italie. Plusieurs ont été retrouvées dans les pressoirs de Kawa. Une fois bu leur prestigieux contenu d'origine, on les emplissait sans doute à nouveau, mais cette fois avec du vin soudanais ! CB

Amphore. Faras, période méroïtique. Terre cuite peinte, 35,1 × 26,1. Khartoum, Musée national.

En Nubie, à Wadi es-Séboua (sauvé des eaux du lac Nasser grâce à la campagne de l'U.N.E.S.C.O.*), le roi fait élever un petit temple*, comme à Quban, au débouché des pistes qui conduisent aux mines d'or*. Plus au sud, à Aniba, Sai*, Tabo, Kawa et Sanam (un secteur de Napata*), des vestiges attestent des constructions du Pharaon. Mais l'édifice le plus remarquable est celui de Soleb*, avec, 15 km au nord, le petit sanctuaire de Sédeinga*, construit pour la reine Tiy.

Un tel programme témoigne de la pacification de la région, sous l'emprise de fonctionnaires* égyptiens qui administrent les pays du Sud. L'aristocratie locale, dont les enfants sont emmenés en Égypte pour y être élevés à la cour de Pharaon, semble être alors complètement acquise aux colonisateurs.

À Soleb en particulier, Aménophis III, déjà divinisé, affirme sa volonté de voir triompher le disque solaire. Son nom, Neb Maât Rê, qu'il entreprend de faire graver en surcharge de celui d'Aménophis, privilégie Maât, la déesse de la vérité, fille de Rê. CB

APEDEMAK

Le lion* Apedemak et le bélier* Amon règnent en maîtres sur le panthéon de l'Empire méroïtique*. Alors qu'Amon conserve toujours une allure égyptienne, Apedemak, sans doute plus vénéré dans le Sud, est au contraire résolument soudanais. Dieu-lion, il préside au combat, et son iconographie privilégie les scènes de victoires : vêtu en soldat, brandissant dans une main arc et flèches, serrant fortement de l'autre les liens qui retiennent une grappe de prisonniers, il reçoit l'hommage reconnaissant de la famille royale ; Isis* lui est alors fréquemment associée. Il est également représenté piétinant les ennemis, ou plantant dans leurs dos ses griffes acérées. Apedemak est aussi le dieu de la vie et de la fertilité : il tient alors à la main un bouquet de *dourra* (variété de sorgho qui constitue la base de la nourriture soudanaise), d'où s'échappent une multitude de petits signes de vie (*ankh*). C'est sans doute dans cet esprit qu'il est représenté, au sommet d'un corps de serpent jaillissant d'une fleur d'acanthe, au revers du pylône de son temple*, à Naga*. De même, des statues de lions veillent près des citernes*, avec celles de grenouilles.

Un clergé spécifique se consacre au culte d'Apedemak, dans de petits temples composés d'une salle unique, souvent à colonnes, précédée d'un pylône. L'un des plus anciens, à Musawwarat, étudié et restauré par une mission allemande dans les années 1970, a livré un ensemble iconographique remarquable et des hymnes inspirés des compositions théologiques de l'Égypte* ptolémaïque contemporaine (en particulier de Philae*) ; les prières adressées à Apedemak sont particulièrement originales, étranges et superbes, mais ont encore besoin de la langue pharaonique pour s'exprimer et traduire la foi des anciens Méroïtes dans leurs propres divinités. À une vingtaine de kilomètres au sud, à Naga, le temple du Lion, érigé deux siècles plus tard, présente, cette fois en méroïtique, un panthéon étonnant : Sarapis et Jupiter (au visage barbu, représenté de face, comme celui d'une autre divinité portant une couronne à rayons) appartiennent-ils réellement au monde koushite* ? Ce sanctuaire des steppes du haut Nil* conserverait-il un tableau de tous les cultes connus alors des Méroïtes, comme une sorte de panthéon universel ? CB

Relief du temple d'Apedemak à Naga :
le dieu Apedemak prolongé d'un corps de serpent
jaillissant d'une touffe d'acanthe.

BÉLIER
Les origines d'Amon

Amon, roi des dieux de l'Égypte* pharaonique, est aussi une des divinités majeures du pays de Koush*, où on l'adore tout spécialement sous sa forme criocéphale (à tête de bélier) ou bien totalement animale. La montagne* sainte du Djébel Barkal lui est consacrée : l'Amon-bélier de Napata*, qui y réside, jouera un rôle considérable tant à l'époque napatéenne que méroïtique*.
Mais le bélier semble être l'objet d'un culte au Soudan bien avant que le nom d'Amon ne puisse lui être associé. Parmi les plus anciennes gravures* rupestres retrouvées au sud de la Ire cataracte, comme dans toute la zone sahélienne à l'ouest du fleuve, figurent des représentations de béliers couronnés d'un disque, qu'on a pu rapprocher de cultes africains* associant traditionnellement le bélier et l'eau. Les fouilles récentes menées à Kerma*, par l'Université de Genève, ont mis au jour des sépultures de béliers enterrés avec leurs parures, comprenant en particulier des coiffures en plumes d'autruches (voir Bestiaire) encore en place entre les cornes des animaux ; on en a également trouvé à Kadruka, un peu au sud, dans un cimetière du Kerma ancien (env. 2500 av. J.-C.). Les amulettes en forme de tête de bélier, en or*, en faïence ou en pâte de verre*, sont caractéristiques de la XXVe dynastie et de Napata. L'Amon égyptien, qui accompagne Pharaon triomphant dans sa conquête vers le Sud, et règne en maître sous l'ombrage d'un arbuste à Pnoubs (île d'Argo), ou dans la « place pure » du Djébel Barkal, aurait-il retrouvé au pays de Koush* ses origines et ses racines ? CB

Bestiaire

Les animaux qui fréquentaient aux époques historiques les rivages du Nil*, en Nubie*, ne semblent guère différents de ceux qu'y rencontraient encore les voyageurs* au XIXe siècle ou de ceux qu'on va aujourd'hui admirer plus au sud, dans la vallée de la Dinder.

Khartoum* (dont le nom en arabe signifie « trompe d'éléphant* »), fut dès sa fondation un centre de diffusion de l'ivoire, déjà un des produits du tribut* nubien dans l'Antiquité, comme la girafe*, si l'on en croit les défilés pittoresques décorant des tombes thébaines ; au début du

Bouteille globulaire. Semna-sud, période méroïtique, IIe-IIIe siècle. Terre cuite peinte, 25 × 18. Khartoum, Musée national.

Amulette.
XXVe dynastie,
v. 650 av. J.-C.
Or, 4,2 × 3,6.
New York,
The Metropolitan
Museum of Art.

XIXe siècle, on chassait encore cette dernière dans le désert* de la Bayouda, au nord de Khartoum. Quant à l'hippopotame, qui dérangea tant Frédéric Cailliaud* lorsqu'il visita Soleb* en 1820, ses dents étaient utilisées à l'époque néolithique* comme étuis à fard ; il était sûrement familier aux habitants de Kerma* qui en ont représenté tout un cortège sur une paroi d'une chapelle de leur cimetière. Les autruches étaient également courantes : des poteries et des incrustations de mica en reproduisent la silhouette stylisée* ; leurs œufs faisaient l'objet d'un commerce international, jusqu'en terre mycénienne.

Parmi la faune représentée sur les objets des tombes, à l'époque méroïtique*, on trouve la grenouille, souvent associée à des fleurs ou à des croix de vie, comme le serpent ondulant, l'ibis ou la pintade. Les peintres ont su saisir d'un trait rapide les caractères et le mouvement de ces animaux, que nous avons toujours plaisir à retrouver, en particulier sur les innombrables poteries nubiennes. CB

Statue de bélier.
Soleb (transportée au Djébel Barkal à l'époque napatéenne),
XVIIIe dynastie,
v. 1360 av. J.-C.
Granit,
130 × 87 × 207.
Berlin, Ägyptisches Museum und Papyrussammlung.

BRONZE

Les beaux objets en bronze retrouvés au Soudan ont longtemps été considérés comme des importations d'Égypte* ou du Bassin méditerranéen. La tête de l'empereur Auguste (Londres, British Museum), mise au jour à l'entrée d'un petit temple*, à Méroé*, et commémorant peut-être un raid victorieux, provient sans doute d'un pillage en haute Égypte. Deux têtes de Dionysos, découvertes dans une pyramide* royale de Méroé, sont probablement aussi d'origine étrangère. Il en est de même pour des vases de type achéménide, reproduits en céramique* par les Méroïtes, ou encore pour diverses lampes en bronze dont le style est de toute évidence hellénistique ou romain.

Néanmoins, une activité locale est attestée très tôt. Le matériel en bronze (dagues, bijoux et miroirs) des riches sépultures de Kerma* a peut-être été réalisé sur place, dans l'atelier découvert lors des fouilles menées par l'Université de Genève, dans le quartier religieux, au centre de la ville*. Un four a pu y être étudié avec son sys-

Bol. El-Hobagi, période post-méroïtique, IVe-Ve siècle. Bronze, 10,5 × 17,1. Khartoum, Musée national.

Bols. El-Hobagi, période post-méroïtique, IVe-Ve siècle. Bronze, 10,7 × 19,4 ; 6,8 × 12,4 et 8,6 × 14,6. Khartoum, Musée national.

tème de chauffe ; des fragments de métal analysés indiquent un alliage cuivre-étain. Le minerai devait arriver en lingots préparés à l'extérieur de la ville, ou, comme en Égypte, directement des zones de production de la Méditerranée orientale.

Dès le IIe millénaire av. J.-C., les artisans de Kerma semblent parfaitement maîtriser les techniques de fonte et réalisent des dagues, des épées, des javelots. Les tombes méroïtiques livreront encore un beau matériel en bronze, comprenant des armes et des parures (telles les clochettes, souvent décorées de thèmes guerriers, qui ornaient les chevaux pour la parade), des pichets (comparables à ceux utilisés dans le monde romain) et surtout des coupes ou des bols qui, renversés, servent souvent de couvercle à des récipients disposés à l'entrée des caveaux.

Un tumulus* princier à El-Hobagi, datant de la fin de l'époque méroïtique, a fourni récemment un magnifique lot de bronzes, malheureusement très altérés. Leur restauration patiente a révélé une inscription en hiéroglyphes méroïtiques et de nombreuses scènes : une frise gravée évoque une fête présidée par un joueur de tambour ; dans une autre, une théorie de satyres dansent autour d'une jarre qui devait contenir du vin* ; un beau visage de la déesse Hathor* est gravé à l'extérieur d'un bol, sur sa face bombée. CB

« Jamais ma joie ne fut plus extrême et plus vive qu'en découvrant les sommets de ces nombreuses pyramides qui étincelaient sous le soleil. »

Frédéric Cailliaud, 1823.

Frédéric Cailliaud, *Le cimetière nord de Méroé*. Lithographie extraite de *Voyage à Méroé*, 1826.

Cailliaud (Frédéric)

C'est après avoir suivi à Paris les cours de minéralogie du Museum national d'histoire naturelle, que le jeune Nantais Frédéric Cailliaud (1787-1869) entreprend de parcourir l'Europe à la recherche de pierres précieuses. Il gagne ensuite l'Asie Mineure puis l'Égypte* où il est chargé par Méhémet-Ali de retrouver dans le désert* oriental les mines d'émeraude exploitées à l'époque de Ptolémée VI et de son épouse Cléopâtre II. Fort de son succès – outre dix livres de pierres précieuses, il découvre le temple* de Redesiyeh et la route de l'antique Bérénice –, Cailliaud reprend le chemin de la France, en novembre 1818 ; la renommée de ses découvertes fabuleuses l'y a déjà précédé.
Un an plus tard, c'est sur recommandation officielle du ministère des Affaires étrangères qu'il repart en Égypte. Après de brefs séjours au Caire et un passage à Thèbes, Cailliaud franchit la IIe cataracte, à la faveur de l'expédition militaire conduite par les fils de Méhémet-Ali. Quelle n'est pas sa surprise lorsqu'il aperçoit, le 3 janvier 1821, « des colonnes très hautes et les restes d'un grand pylône » ! Ce n'est autre que le fameux temple jubilaire de Soleb*, édifié par le pharaon Aménophis III* en pleine terre nubienne*. Mais le nom du jeune Nantais reste à jamais associé à une autre splendide découverte : le 25 avril 1821, surgissent devant lui les sépultures des souverains* de l'antique Méroé*, découpant l'horizon de leurs silhouettes pentues. Objet d'une considérable publication illustrée, parue en France dès 1826, ces pyramides* allaient bientôt exciter la convoitise des archéologues (voir Découvreur) et des pillards. Cailliaud, quant à lui, rentre en triomphateur dans son pays pour se consacrer à sa passion initiale : la minéralogie. Il sera nommé en 1846 conservateur titulaire du Museum d'histoire naturelle de sa ville natale. BGS

Candace

Au pays de Koush*, les femmes semblent avoir joué un rôle important dans la société, en particulier celles de la famille royale ; la succession ne s'y fait pas de père en fils, mais d'oncle à neveu. Pendant la XXVe dynastie, l'institution des « divines adoratrices d'Amon », à Thèbes, tient une place déterminante dans toute la haute Égypte*.
Taharqa* est fréquemment accompagné par sa mère, la reine Abalé ; mères et sœurs des rois côtoient les souverains* napatéens* sur les reliefs

Relief de la reine Amanishakhéto. Méroé, cimetière nord, période méroïtique, v. 10 av. J.-C. Grès, 36 × 34. Berlin, Ägyptisches Museum und Papyrussammlung.

des temples et sur les stèles. Ce rôle deviendra éminent à l'époque méroïtique*, où des femmes occupent le trône et exercent elles-mêmes le pouvoir : ces reines portent le titre de Candace, ce qui signifierait « sœur » en méroïtique. Plusieurs sont enterrées à Méroé, sous des pyramides*. Amanishakhéto, célèbre pour le trésor* découvert dans sa tombe, y est représentée en femme mure à l'embonpoint généreux ; portant les attributs du pouvoir, elle transperce de sa lance des ennemis tombés devant elle. Aussitôt vient à l'esprit la description de Strabon évoquant la reine borgne qui avait tenu tête à Auguste et avait signé, à égalité avec cet empereur romain, un traité* de paix à Samos. On attribue désormais ce haut fait plutôt à Amanitoré, l'épouse de Natakamani : ce couple royal construira un magnifique palais au pied du Djébel Barkal, après le sac de Napata par Petronius ; il fera également édifier les temples d'Apedemak* et d'Amon, à Naga*. La succession des rois chrétiens* de Nubie* se fera encore d'oncle à neveu, et sur les fresques de Faras sont honorées de bien jolies princesses. CB

Amanitoré en tenue d'apparat, temple du Lion à Naga. Planche extraite de R. Karl Lepsius, *Denkmäler*, 1844.

Caravane

Barré par les cataractes qui rendent son cours particulièrement dangereux, le Nil* au sud d'Éléphantine est pratiquement impropre à la navigation, sauf entre les Ire et IIe cataractes, puis entre les IIIe et IVe, où celle-ci reste cependant difficile une grande partie de l'année.

C'est donc surtout par caravanes que devait se faire le trafic le long du fleuve ; elles empruntaient les pistes contournant les rapides, ou traversaient les zones de steppes et de désert* pour relier entre eux les principaux centres du pays. Une des pistes les plus célèbres, le Darb el-Arbayn, encore utilisée au XIXe siècle pour le trafic des esclaves, permettait aux richesses de l'Afrique* profonde, du Darfour et du Kordofan, de gagner en quarante jours Assiout et la Moyenne-Égypte*, par la chaîne

des Oasis, à l'ouest du Nil. Constituées de centaines, voire de milliers d'ânes, ces caravanes sont bien connues par les récits pharaoniques. En Égypte, le dromadaire ne sera utilisé de façon courante qu'à partir de l'époque ptolémaïque, peut-être même romaine.

Cependant, la découverte récente à Qasr* Ibrim d'ossements de dromadaires domestiqués, dans des niveaux archéologiques napatéens*, permet de supposer que cet animal aurait été employé beaucoup plus tôt au Soudan ; il a pu y être introduit par la mer Rouge et l'Éthiopie*, depuis la Perse ou l'Arabie. Des morceaux d'un vase attique à figures rouges, dû au potier grec Sotadès, vers 460 av. J.-C., ont été retrouvés à Memphis : il y figurait un dromadaire conduit par un Perse et un Noir. CB

Sédeinga, caravane de chameaux au repos.

Lorsque, entre 1907 et 1911, les premières recherches systématiques sont entreprises en Nubie*, déjà menacée par l'exhaussement d'un premier barrage achevé à Assouan en 1902, les archéologues, familiers de la documentation égyptienne, rencontrent un matériel qui leur est inconnu. Partant essentiellement de l'étude de la céramique, G. A. Reisner pressent différentes phases culturelles auxquelles il attribue des lettres de l'alphabet : ce sont les groupe A, groupe B, groupe C, groupe D et enfin groupe X. On rapproche désormais ce dernier du méroïtique* final, post-pyramidal, ou encore post-méroïtique, repéré plus au sud. Le groupe B s'est avéré n'être qu'une fiction archéologique. Le groupe D s'est lui aussi résorbé peu

Gobelets en tulipe. Kerma.
Terre cuite, 7,2 × 8,8 ; 13 × 14,5
et 10,3 × 13,3. Berlin, Ägyptisches Museum
und Papyrussammlung.

Récipients. Aniba, cimetière nord, groupe C.
Terre cuite, 10,9 × 14,3 ; 8,3 × 13 et 9 × 10.
Berlin, Ägyptisches Museum
und Papyrussammlung.

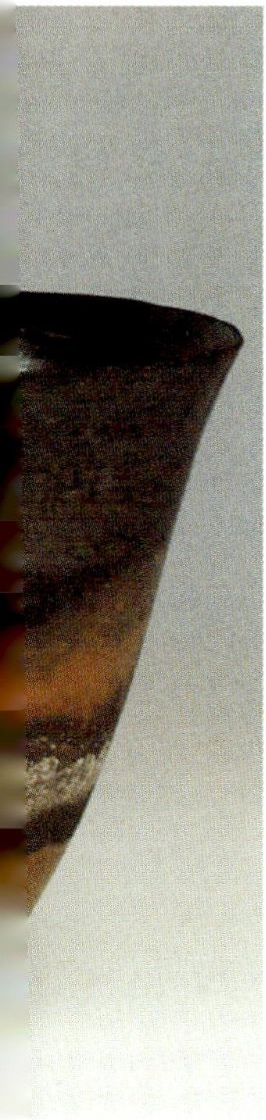

à peu. Quoique provisoire à ses débuts, cette classification est encore utilisée aujourd'hui ; deux des phases majeures de la culture nubienne sont toujours nommées groupe A (néolithique* final, IVe-IIIe millénaire av. J.-C.) et groupe C (proche de Kerma*).

Depuis le néolithique et durant des millénaires, la céramique nubienne est de qualité remarquable. En connexion avec Badari et Nagada, le matériel du groupe A, essentiellement funéraire, comprend des poteries rouges à bord noir, des vases coniques à pâte fine, parfois décorés de motifs géométriques. Le matériel du groupe C est lui aussi principalement constitué de céramiques funéraires, souvent déposées en surface, à l'extérieur des tombes. Les poteries rouges à bord noir du groupe A se rencontrent encore, mais on trouve surtout des bols hémisphériques ou des vases à pied, aux décors géométriques incisés d'une extrême variété (damiers, losanges, jeux de cercles, imitation de vanneries), souvent soulignés de blanc. Témoins de l'aspect pastoral de cette culture, des défilés naturalistes de bovidés rappellent ceux des gravures* rupestres contemporaines.

La céramique d'époque Kerma, contemporaine du groupe C, parviendra à un apogée tant par la maîtrise technique des matériaux que par l'invention créative des formes. Plus tard, les Méroïtes produiront encore pour leurs tombes une superbe céramique, dont une à pâte très fine, qu'ils décoreront avec une fantaisie et un art très attachant qui persisteront jusqu'à l'époque chrétienne*. CB

Chasse

Les gravures* rupestres sont présentes en grand nombre sur le bord des ouadis (oueds) qui flanquent le Nil* et jusque loin dans le désert*. Elles témoignent de techniques de chasse très anciennes, qu'on retrouve à travers tout le Sahara : chasse à l'arc, au lasso, à l'aide de pièges ; la plupart s'accompagnaient de rites magiques visant à renforcer le pouvoir des chasseurs sur les animaux convoités. Plus tard, à la XVIIIe dynastie, un vaste parc à l'ouest de Soleb* constituait sans doute une réserve d'animaux sauvages : le roi y affirmait sa bravoure en s'y mesurant aux forces du mal, incarnées par les animaux dont, par nature, il se devait d'être victorieux. Est-ce dans des conditions analogues qu'Aménophis III* abattit cent deux lions*, exploit qui fit l'objet d'une émission de scarabées commémoratifs ?

Au début de notre ère, Musawwarat es-Sufra était peut-être, à l'image d'un « paradis » persan, un lieu où l'on rassemblait diverses races d'animaux dans des enclos, avant d'organiser des chasses royales, destinées à affirmer, là encore, le pouvoir du souverain*.

À la même époque, dans le panthéon méroïtique*, Arensnouphis brandit un arc et tient par les pattes une gazelle qu'il a attrapée à la main : chaussé de sandales, le dieu peut courir à midi dans le sable brûlant du désert, tandis que la gazelle y reste paralysée.

Enfin peut-être est-ce le pays de Koush* qui aurait servi de modèle à *La Chasse à l'hippopotame* (voir Bestiaire), mosaïque à la louange de l'empereur ou du propriétaire de la villa de Piazza Armerina, en Sicile. CB

Chrétiens (royaumes)

À la fin du Ve siècle, des moines byzantins franchissent la Ire cataracte afin de convertir les régions encore païennes, situées au sud de l'Égypte*. Entre Assouan et le confluent des deux Nils* s'organisent trois royaumes chrétiens : au nord, Nobatia (capitale, Faras) ; au centre, Makouria (capitale, Dongola* el-Agouz) ; et au sud Alodia (capitale, Soba). Pendant près de huit siècles, ils vivront en bonne entente avec l'Égypte islamisée*, après un traité* de paix signé en 652, où la Nubie* s'engage à verser un tribut* annuel au gouverneur

égyptien. Les rois de Nubie se présentent dès lors en protecteurs des chrétiens d'Égypte.
Influencés par Byzance comme par l'Égypte, les royaumes de Nubie appartiennent à la Chrétienté de la Méditerranée orientale ; ils utiliseront souvent la langue grecque, dont l'alphabet, légèrement modifié, servira peu à peu à transcrire en vieux nubien la liturgie et les Saintes Écritures*. Comme l'Église, la Cour est organisée sur le modèle byzantin, mais des caractères locaux persistent, en particulier dans la transmission du pouvoir. Les influences extérieures se fonderont peu à peu en une spécificité nubienne originale ; celle-ci s'exprime notamment dans les fresques qui remplacent les icônes dans les églises. La céramique* montre également une continuité avec les périodes précédentes.
Voyageurs* et moines décrivent des contrées heureuses et prospères. En dehors des villes*, sièges de l'administration royale, d'évêchés ou centres de pèlerinage* réputés, beaucoup de villages possèdent une église ; les monastères sont très nombreux, jusque dans les lointaines oasis.
Vers le XVe siècle, envahie sans peine par les armées arabes, la Nubie devient terre d'Islam. CB

Les Hébreux dans la fournaise. Fresque provenant de la cathédrale de Faras. Khartoum, Musée national.

Grenouille autrefois au bord d'une citerne. Basa, période méroïtique. Khartoum, jardin du Musée national.

Citerne

Dans le désert*, des réserves d'eau sous forme de petites citernes étaient fréquemment aménagées au bord des pistes pour les expéditions et les caravanes*. À l'époque méroïtique*, on multiplie les retenues d'eau entre les Ve et VIe cataractes, où de nombreux sites sont élevés en bordure de ouadis, parfois très éloignés du Nil*. Près de ce qu'on devine encore avoir été un temple*, un site d'habitat ou un cimetière, on aperçoit très souvent les contours d'un vaste bassin, le *hafir* : il faisait fonction de citerne dans une zone de savane qui ne connaissait que les pluies d'été. Ses dimensions peuvent être impressionnantes : l'un, à Musawwarat es-Sufra, mesure près de 300 m de diamètre et a plus de 6 m de profondeur. Des statues de lions* assis – Apedemak*, en dehors de ses aspects guerriers, semble aussi un dieu de la fertilité – ou de grenouilles – naissant du limon, elles évoquent par excellence la puissance de la vie – pouvaient protéger ces réserves d'eau. Nécessaires à la vie quotidienne, aux cultures, mais surtout aux troupeaux, elles constituaient l'une des richesses essentielles de l'Empire. Au gré des saisons, hommes et bêtes pouvaient ainsi parcourir de vastes étendues de savanes, épuisant les pâturages et les citernes les plus éloignés du Nil, dont ils se rapprochaient peu à peu sans doute, en attendant une nouvelle saison des pluies. CB

CRUAUTÉ
Une idéologie de la victoire ?

L'époque Kerma* est célèbre pour ses funérailles royales : sous un seul vaste tumulus*, on a dégagé plusieurs centaines de squelettes humains, sacrifiés auprès du grand personnage inhumé là. On est tenté d'y reconnaître une coutume africaine*. Le sacrifice humain semble appartenir au tréfonds de la civilisation koushite* ; il réapparaît à l'époque méroïtique et surtout à celle du groupe X ou post-méroïtique. En réalité le processus est encore mal connu, mais la mort semble toujours violente. Pour les périodes les plus récentes, on voudrait y voir une idéologie de la victoire, les sacrifiés symbolisant les vaincus.

L'iconographie méroïtique royale multiplie les représentations cruelles : les reliefs des temples se complaisent à montrer des ennemis écrasés et humiliés. On y retrouve le thème égyptien du Pharaon triomphant, ou encore des rites magiques d'exécration accomplis sur des représentations de prisonniers ligotés (portant chacun le nom gravé d'une peuplade en conflit avec Méroé*). Cette idéologie tend bien sûr à exalter la puissance du souverain* et à imposer sa vic-

Michela Schiff-Giorgini dans le temple de Soleb, 1963.

Découvreur

Le 1er janvier 1829, à Wadi Halfa, Jean-François Champollion, reculant devant les difficultés de l'entreprise et craignant les périls mortels du désert, renonce à franchir la IIe cataracte. Certes, d'intrépides voyageurs* avaient déjà largement prouvé l'intérêt de prolonger l'aventure. Il n'est que de citer Frédéric Cailliaud* dont le grand égyptologue connaissait parfaitement les exploits. Le jeune Nantais n'avait-il pas mis au jour, le 25 avril 1821, l'antique capitale de Méroé* et les cent quatre-vingt-quatre dents triangulaires de ses pyramides* ? Ces dernières ne tarderont pas à exciter la convoitise d'un pillard italien

« J'ai devant moi la deuxième cataracte, barrière de granit que le Nil a su vaincre, mais que je ne dépasserai pas. Au-delà existent bien des monuments, mais, au fond, de peu d'importance. »

Champollion, 1er janvier 1829.

toire sur toutes les forces opposées à l'Empire. Le lion*, qui protège le roi, mord et lacère de ses griffes les prisonniers tombés au sol.
Un étranger à genoux, les bras liés derrière le dos, est transpercé par l'étendard du souverain. Sur une bague-cachet du trésor* d'Amanishakhéto, un vautour plante ses serres dans le dos d'un prisonnier dont il pique la tête de son bec ; une scène voisine est figurée sur un pendentif en plomb de Sédeinga*. Alors, réelle cruauté ou volonté d'affirmer, par le biais d'une iconographie de propagande, une victoire universelle ? CB

Statue de prisonnier. Tabo, île d'Argo, période méroïtique, vers le tournant du millénaire. Grès, 43,9 × 20,3 × 42. Khartoum, Musée national.

du nom de Ferlini, passé à la postérité pour sa fabuleuse découverte du trésor* de la reine Amanishakhéto, en 1834. Le Lorientais Maurice Linant de Bellefonds avait repéré, quant à lui, les imposantes ruines de Musawwarat et de Naga*, lors de son périple entre 1821 et 1827. Si Champollion ne s'illustra pas particulièrement en Nubie* soudanaise, Lepsius*, en revanche, accumula de 1842 à 1845 une quantité impressionnante de matériaux qui sont venus enrichir les collections des musées de Berlin.

Avec le XXe siècle, s'ouvre l'ère des collaborations internationales. Tandis que l'Anglais F. Ll. Griffith perce, en 1909-1911, le mystère de la translittération de l'écriture* méroïtique, l'Américain George Reisner identifie en Nubie des cultures d'un type inconnu en Égypte*, et entreprend les grandes fouilles de Kerma*, Napata* et Méroé.

La liste est longue désormais des recherches fécondes menées au cœur du désert soudanais : mission italo-française à Soleb*, dirigée de 1957 à 1977 par Michela Schiff Giorgini, mission suisse dans la nécropole de Kerma, missions polonaises étudiant les vestiges préhistoriques ou chrétiens*, missions allemandes de Musawwarat et de Naga… BGS

Désert

« Nous nous trouvâmes entourés de roches, au milieu de masses énormes de granit, répandues de toute part ; plus de verdure, rien ne vient, rien ne végète, des lieux inhabités, la situation la plus étonnante ; tout à coup ces masses s'élèvent de plus en plus ; de ces lieux

effrayants le monde semble ici finir ; rien n'existe », note Frédéric Cailliaud* le 23 février 1816, alors qu'il s'apprête à quitter Assouan pour franchir en caravane* la Ire cataracte. Certes, l'entreprise est périlleuse. Les *Kachefs*, tyranneaux locaux en révolte contre l'Égypte*, se montrent hostiles à toute intrusion dans leurs affaires. Quant aux dangers encourus dans le désert de Nubie*, ils étaient déjà bien connus des voyageurs* de l'Antiquité, d'Hérodote* à Héliodore*. Un climat excessivement rude, un isolement total, une absence de communications et de ravitaillement : les difficultés rencontrées par les archéologues du XIXe siècle (voir Découvreur) ressemblent à s'y méprendre à celles éprouvées par les chercheurs actuels.
Et pourtant, en plein cœur du désert soudanais, s'est produit un petit miracle, une sorte d'« esprit de la Nubie » qui a fait naître un rare sens de la coopération. BGS

Djébel Barkal.

Voir Montagne sainte

Dodécaschène

La province de Dodécaschène s'étendait le long du Nil*, en amont de la Ire cataracte, sans doute d'Éléphantine à Maharraqa (soit sur douze *schènes* grecs, environ 120 km). Marche de l'Égypte*, c'est la région de Nubie* où l'emprise des pharaons a toujours été la plus forte : les nombreux sanctuaires édifiés de part et d'autre du fleuve montrent combien les anciens Égyptiens tenaient à y affirmer leur présence. Sa domination était en effet capitale, puisqu'elle commandait l'accès aux richesses de l'Afrique*, en

Deux divinités nubiennes représentées à l'égyptienne. Façade du temple de Kalabsha, période ptolémaïque.

particulier aux gisements d'or* du Wadi el-Alaqi. « Zone tampon », elle sera fréquemment disputée entre ses voisins du Nord et du Sud, qui s'entendront parfois pour une forme de cogestion, faisant de la Dodécaschène une sorte de province romano-méroïtique*.
Ainsi, bien qu'elle soit possession lagide dès le règne de Ptolémée Philadelphe (283-246), qui construit à Philae* un naos pour « Isis*, maîtresse de la Dodécaschène », un prince ou un roi éthiopien y édifie à la même époque une chapelle à Debod (située à 20 km au sud d'Assouan). Sous la protection d'Isis de Philae, la région fournit une partie du clergé de la déesse ; les épitaphes en cursive méroïtique retrouvées en Basse-Nubie nous permettent de suivre sur plusieurs générations des familles qui comptent à la fois des fonctionnaires* de la Candace* et des prêtres attachés à Philae. À la fin du IIIe siècle, Rome*, attaquée sur bien des fronts, renonce à contenir ses turbulents voisins, tant Blemmyes (tribu nomade des bords du Nil) que Méroïtes*. Les circuits commerciaux ont changé : la vallée du Nil a perdu de son importance au profit de la mer Rouge et d'Axoum.
En 298, Dioclétien abandonne la Dodécaschène et reporte la limite du territoire romain à Assouan. Les Blemmyes, païens farouches restés fidèles à Isis, s'emparent rapidement de la région, qui, jusqu'à l'arrivée de moines byzantins au Ve siècle, semble coupée du monde. CB

Dongola el-Agouz

Au cœur du riche bassin situé entre les IIIe et IVe cataractes, Dongola el-Agouz a d'abord été

la capitale du royaume chrétien* de Makouria, avant que celui-ci annexe la Nobatia et englobe toute la région depuis Assouan. Sa première église fut élevée sur les tombes des évêques fondateurs de la ville*, qui devint un lieu de pèlerinage* fameux.

Le roi y résidait, à l'abri des fortifications, tandis qu'un haut fonctionnaire*, l'éparque, le représentait au nord du royaume, à Faras, puis à Qasr* Ibrim. La cour des rois de Nubie* imitait celle de Byzance et la salle du trône, dominant toute la ville, reproduisait celle des empereurs de Constantinople, la *Magna Aura*. Cependant des influences égyptiennes, syriennes et palestiniennes ont également été relevées dans les très nombreux édifices religieux (cathédrales, basiliques, monastère) ou civils, régulièrement mis au jour depuis 1964 par une mission polonaise.

Au XVe siècle, l'Islam* acheva de conquérir la Nubie ; le remarquable état de conservation de la salle du trône est dû à sa transformation en mosquée, dès 1317. Dongola el-Agouz resta quelque temps encore le siège d'un pouvoir provincial et un lieu de pèlerinage toujours vénéré, à en croire les nombreuses tombes à coupole élevées en bordure du désert*. Mais c'est une ville morte, ensevelie sous les dunes, que décriront les voyageurs* au début du XIXe siècle. CB

Vue générale de Dongola el-Agouz.

Les textes retrouvés en Nubie* sont jusqu'au IIIe siècle av. J.-C. écrits en égyptien, si l'on excepte quelques graffites laissés par des mercenaires grecs ou cariens. Même à l'époque de Kerma*, dont le rayonnement a dû être important, le pays de Koush* ne semble pas s'être servi d'une écriture propre ; les seuls textes concernant cette civilisation sont ceux de ses voisins du Nord, au regard sans doute très partial et défavorablement orienté.
L'écriture des Méroïtes* proprement dits commence à être bien connue depuis les travaux de l'archéologue anglais F. Ll. Griffith, qui parvint dès 1909-1911 à préciser la valeur des signes. En cursive (plus rapide) ou en hiéroglyphes (plus élaborée), elle dérive de l'écriture pharaonique à laquelle elle emprunte vingt-trois signes à valeur essentiellement alphabétique ; l'usage d'un séparateur (deux ou trois points superposés) dénoterait une influence sud-arabique. Sur un document présentant un nom royal en hiéroglyphes égyptiens d'une part et méroïtiques d'autre part, Griffith a démontré qu'il fallait aborder les hiéroglyphes méroïtiques dans le sens inverse des égyptiens (volonté de se démarquer du modèle ?).
La plupart des textes qui nous sont parvenus, environ un millier de documents, proviennent de cimetières et sont des épitaphes en cursive, sur des stèles ou des tables d'offrandes. Ces inscriptions répondent à un schéma précis : invocation aux dieux, identité du défunt et de ses parents, titres du disparu, rappel de ses liens familiaux avec des personnalités de l'Empire, puis formules de bénédiction. La graphie évolue au fil des siècles et il est possible d'en proposer une chronologie assez précise.
Des textes, qu'on pense être historiques, sont gravés notamment sur des sortes d'obélisques ; des *ostraca* (tessons de poterie) sont utilisés pour les contrats ou la vie quotidienne : ils ont pu être transcrits, mais restent incompris. Le sens de la langue méroïtique et sa nature continuent d'échapper, malgré les efforts de la communauté internationale et l'enregistrement informatisé de l'ensemble des textes méroïtiques dans le *Répertoire d'épigraphie méroïtique* (REM).
Quelques siècles plus tard, à l'époque chrétienne*, on fera encore appel à l'alphabet grec complété de quelques signes (dont deux méroïtiques) pour écrire le vieux nubien. JL

Reposoir de barque du roi Natakamani grâce auquel Griffith établit la lecture du méroïtique. Wad Ban Naga, période méroïtique, v. 0-20 ap. J.-C.
Grès, 116 × 84 × 84.
Berlin, Ägyptisches Museum und Papyrussammlung.

ÉGYPTE : LA FASCINATION D'UN MODÈLE

Dès l'origine, l'Égypte sédentaire et agricole se tourne vers le Sud aux grands troupeaux, vers cette Nubie* par laquelle transitent aussi toutes les richesses africaines* indispensables aux pharaons. Un puissant État* koushite*, centré sur Kerma*, menace si dangereusement l'Égypte du Moyen Empire que celle-ci s'en protège par un réseau de forteresses*. Quelques siècles plus tard (v. 1550 av. J.-C.), les pharaons du Nouvel Empire réduisent ce voisin redoutable et entreprennent la conquête de la vallée jusqu'à la IVe cataracte.
Le tribut* payé par le pays soumis fournit également à l'Égypte de la main-d'œuvre ; l'armée de Pharaon compte alors de nombreux Nubiens dans ses rangs. Les tâches domestiques dans les riches maisons égyptiennes sont souvent confiées aux jeunes Nubiennes, si joliment représentées sur les objets de toilette ou de la vie quotidienne.
Parallèlement, une habile politique conduit à « l'égyptianisation » des notables et des princes de Nubie : garants de l'obéissance de leurs aînés, les enfants des vaincus sont conduits en Égypte, pour y être éduqués et grandir à la Cour. À leur retour au pays, ils deviennent les meilleurs ambassadeurs de Pharaon. Ils portent des noms égyptiens, ont adopté les coutumes du Nord et se font enterrer dans de jolies tombes peintes. Des princesses nubiennes entraient dans le harem de Pharaon ; certaines pouvaient également être mariées à de hauts fonctionnaires* de son entourage, comme la dame Touy, à la peau noire, figurée sur une stèle de Saqqara, à la XVIIIe dynastie. CB

■ ÉLÉPHANT
Dressé pour la guerre

L'éléphant semble avoir été autrefois familier des rives du Nil*, où il figure parmi la grande faune paléoafricaine des gravures* rupestres. Mais il a disparu du paysage égyptien aux époques historiques, si l'on en juge par l'imprécision du hiéroglyphe qui le représente à la VIe dynastie, par exemple. Dès l'Ancien Empire, les Nubiens* sont identifiés sur les bas-reliefs grâce au bracelet d'ivoire qui orne leur biceps et dont on a retrouvé des exemplaires déjà dans des tombes néolithiques*, au sud de la IIe cataracte. Mais, en dehors de la valeur de ses défenses, produit par excellence du tribut* nubien, l'animal joue un rôle important dans l'économie de l'Empire méroïtique. Dès la fin du IIIe siècle av. J.-C., les souverains* lagides envoient vers le Sud des expéditions afin de se procurer des éléphants pour leurs armées ; un port sur la mer Rouge est aménagé pour faciliter leur acheminement. On a voulu voir dans le site magnifique de Musawwarat un lieu où auraient été rassemblés de jeunes éléphants pour y être domestiqués et dressés à l'art de la guerre. D'où peut-être les dimensions surprenantes de l'une des citernes*, creusées à proximité des temples et des bâtiments, dont l'un, le plus vaste, est abondamment décoré de représentations de cet animal. La supériorité au combat des éléphants d'Asie sera pourtant démontrée à la bataille de Raphia, ce qui provoquera le déclin du trafic entre l'Égypte* et Méroé*.
Dans le temple* du Lion* de Musawwarat, à la base d'une paroi, on peut voir de petits pachydermes parés qui retiennent par la trompe des prisonniers ; les pieds du roi, de dimensions majestueuses, reposent chacun sur le dos d'un éléphant, dont la fonction de « porteur » pourrait traduire des influences indiennes. Auxiliaire des dieux et du roi, l'éléphant ne semble pas avoir été l'objet d'un culte particulier à l'époque méroïtique. CB

Partie supérieure d'une statue d'Aménophis II (XVIIIe dynastie) trouvée dans le temple d'Isis de Wad Ban Naga, période méroïtique. Quartzite, h. 17,5. Berlin, Ägyptisches Museum und Papyrussammlung.

Éléphant tenant des prisonniers. Détail d'un bas-relief du temple du Lion, Musawwarat es-Sufra, IIIe siècle av. J.-C.

Épidémie

Le monde antique a constamment vécu dans la crainte des grandes épidémies qui s'abattaient périodiquement sur les pays entourant la Méditerranée. En 430 av. J.-C., Thucydide attribue déjà à l'Éthiopie* l'origine de la grande peste qui ravage Athènes. Le contraste entre le climat extrêmement sec de la Nubie* et l'humidité moite qui règne aux périodes où le Nil* est en crue, était considéré comme la cause du développement des miasmes qui se propageaient ensuite le long du fleuve jusqu'à la Méditerranée.

Septime Sévère, qui visite l'Égypte* en l'an 200 doit renoncer à poursuivre son voyage vers l'Éthiopie où sévit la peste.

Plus tard, dans les années 250, celle-ci se répand dans le monde romain et, pendant une quinzaine d'années, ravage et dépeuple villes* et campagnes. C'est à cette époque que deux ambassades* célèbres du roi de Méroé* sont envoyées à Philae*. Viennent-elles pour régler un conflit, dont l'existence supposerait la multiplication des concentrations humaines dans des campements militaires sans hygiène, où aurait pu se déclarer une épidémie ? Ou s'agit-il d'une action de grâce des Méroïtes pour implorer la protection d'Isis* puis pour la remercier à la fin du fléau ? CB

Camée hellénistique. Méroé, pyramide d'Amanishakhéto, Ier siècle av. J.-C. Agate, h. 2. Berlin, ÄMP.

Tête de Dionysos. Méroé, IIe siècle av. J.-C. Bronze, 12,5 × 11,8. Khartoum, Musée national.

Ergamène

Diodore de Sicile cite à la tête du pays de Koush* un roi Ergamène qu'il décrit comme de culture grecque et qui aurait osé s'opposer au clergé local. Nous ne savons pas exactement de quel roi méroïtique* il s'agit, puisque trois règnes pourraient éventuellement correspondre au nom grec. Mais il y a là une allusion à des liens privilégiés entre le royaume de Koush et le monde hellénistique, particulièrement l'Égypte* des Lagides, dans les derniers siècles avant notre ère, à l'âge d'or méroïtique.

Dans les années 1970, une mission allemande entreprit l'étude et la restauration du temple* du Lion* à Musawwarat es-Sufra. Dans ce sanctuaire méroïtique, elle constata que l'ensemble des textes composés en hiéroglyphes égyptiens étaient très proches des corpus religieux de Philae*. Elle mit également en évidence, sur les blocs, des marques d'assemblage empruntées à l'alphabet grec.

À cette époque, les Lagides et les Méroïtes semblent gérer conjointement la Dodécaschène*, la « terre d'Isis* », et des programmes de construction importants y sont menés par les uns et les autres. Enfin, les Ptolémées aménagent un port sur la mer Rouge pour acheminer les éléphants* de combat, acquis au pays de Koush. Cléopâtre, nous dit encore Diodore, parlait l'Éthiopien* ; l'avait-elle appris dans le gynécée, d'une nourrice koushite, ou le méroïtique avait-il rang de langue internationale ? CB

ÉTAT
Les plus anciens royaumes d'Afrique

Dans les derniers siècles du IIIe millénaire, un État s'affirme en Nubie* autour de Kerma* – ce serait le plus ancien État africain*. Les recherches archéologiques récentes ont permis de préciser qu'il s'agissait d'une société pastorale installée dans des villes* fortifiées, autour de centres religieux ; l'étude des cimetières révèle une organisation sociale bien hiérarchisée. Les fouilles de la ville de Kerma indiquent que cet État fondait sa richesse sur l'agriculture et l'élevage, mais qu'il pratiquait aussi la redistribution de marchandises. On a ainsi retrouvé des silos élevés à l'intérieur des palais et d'innombrables empreintes de sceaux, qui évoquent le stockage de produits, dans le but d'une régulation économique et d'échanges commerciaux. Le rayonnement de Kerma fut important, mais il est impossible de préciser l'étendue du royaume et encore moins ses structures politiques ou administratives, faute en particulier de documents écrits.
Méroé*, en revanche, nous a laissé des textes, mais l'impossibilité de les comprendre nous empêche là aussi de pénétrer en profondeur la structure de l'État qui avait à sa tête la Candace* ou le roi, personnages sacrés, médiateurs auprès des dieux. Au cœur du royaume, se trouvait la capitale, Méroé, où sont enterrés les membres de la famille royale. Le pays était très vaste ; les limites n'en sont toujours pas connues, ni au sud, le long des deux Nils*, ni à l'ouest, vers les savanes du Kordofan et du Darfour. Des fonctionnaires* secondaient la famille royale dans le gouvernement du royaume, divisé en provinces : le *pesto*, représentait le roi dans les régions du Nord ; il existait des titres militaires ; d'autres évoquent l'administration du grain, mais nous n'en savons guère plus. On voyageait déjà loin à l'époque : le diacre Philippe rencontra à Gaza l'intendant de tous les trésors* de la Candace, qu'il baptisa. CB

Esquisse de sculpteur. Amarna, XVIIIe dynastie, v. 1345 av. J.-C. Calcaire, 9,5 × 9,2 × 2. New York, The Metropolitan Museum of Art.

ÉTHIOPIE
Le pays des « hommes à la peau brûlée »

« À partir d'Éléphantine, le pays est déjà habité par des Éthiopiens. Ils occupent la moitié de cette île, et les Égyptiens l'autre moitié. Après quoi, on arrive à un lac immense sur les bords duquel vivent des Éthiopiens nomades… Après douze jours de navigation, on parvient à une grande ville, Méroé*, capitale du reste des Éthiopiens. Il y a dans cette ville des temples de Zeus et de Dionysos, et un oracle de Zeus, qui ordonne spécialement aux habitants quand ils doivent partir en guerre et contre qui. » (Héro-

Protomé de lion. Kantir, Delta oriental (?), XVIIIe dynastie, v. 1300 av. J.-C. Fritte « bleu égyptien » et or, 2,85 × 2 × 6. New York, The Metropolitan Museum of Art.

Exotisme

La représentation des étrangers dans l'art pharaonique traduit bien la place éminente que les Égyptiens s'attribuaient dans la création. Ainsi, la différenciation entre les hommes de la vallée du Nil* et les ethnies des pays étrangers engendre bien vite une iconographie de l'ennemi éternellement soumis à l'universalité du pouvoir de Pharaon : grappes de prisonniers, écussons renfermant le nom des peuples envoûtés d'Asie ou de Nubie*, que surmonte un captif, jeune esclave (voir Tribut) saisi à la gorge par un lion* (ivoire de Nimrud, British Museum)... Cependant, les vaincus s'insèrent également dans une thématique du divertissement et de la vie domestique ; les Noirs, en particulier, sont associés à la danse, à la musique et à la toilette. Bien plus, reflétant un penchant des Égyptiens pour l'exotisme, le cadre de vie des peuples en marge, royaume de Koush* ou pays de Pount* (sur la côte de la mer Rouge, aux confins de l'Érythrée), devient le prétexte à d'admirables créations. En véritables ethnographes, peintres et sculpteurs dressent alors l'inventaire de la faune et de la flore (tombe thébaine de Rekhmirê) et soulignent les frontières entre

dote*, *Histoires*, livre II). Déjà mentionnée dans l'*Odyssée* sous la forme d'une contrée merveilleuse peuplée d'hommes très beaux, lieu d'élection pour les banquets des dieux, l'Éthiopie correspond en fait, au temps d'Hérodote, à la Nubie* et au Nord de l'actuel Soudan. Ce royaume, dont les capitales successives, Napata* et Méroé, furent suffisamment fortes pour inquiéter les puissances voisines, fut désigné par les Égyptiens sous l'appellation de « pays de Koush* ». Plus ambigu encore, le terme « éthiopien » (*aithiops* en grec), qu'on peut traduire par « homme à la peau brûlée », recouvre en fait la notion moderne de « nègre » (*niger* en latin). Là aussi, Hérodote accentue la confusion : ne distingue-t-il pas les Éthiopiens d'Asie, « aux cheveux raides », des Éthiopiens de Libye, « aux cheveux crépus », « revêtus de peaux de panthère et de lion » ? Véritable instrument de propagande, l'iconographie égyptienne puis gréco-romaine oscillera, quant à elle, au fil des siècles, entre exotisme* aimable et violente caricature.

Les Pères de l'Église reprendront par la suite à leur compte cette métaphore de l'Éthiopien, symbole du péché, associant l'image de l'Africain* avec celle du démon... BGS

Ostrakon. Nouvel Empire, XIXe-XXe dynastie, v. 1300-1100 av. J.-C. Calcaire peint, 14 × 21. Munich, Staatliche Sammlung Ägyptischer Kunst.

Stèle funéraire. période méroïtique, IIe-IIIe siècle ap. J.-C. Grès, 55 × 24 × 9,5. Boston, Museum of Fine Arts.

monde connu et monde merveilleux (plantes extraordinaires du « jardin botanique » de Thoutmosis III, à Karnak). Les Grecs, à leur tour, immortaliseront les traits des Éthiopiens*, « les plus crépus des hommes sur terre » selon Hérodote*, en de somptueux vases plastiques, qui jouent avec brio sur le contraste entre vernis rouge et vernis noir. BGS

Fonctionnaire

Pour maintenir leur pouvoir sur la Nubie* conquise, si éloignée de Memphis ou de Thèbes, les pharaons s'appuient sur une administration égyptienne implantée dans le pays, contrôlée par un vice-roi, le « fils royal de Koush* » (titre prestigieux qu'Hérihor a porté avant de monter sur le trône à la XXe dynastie).

Délégués dans les pays du Sud, ces dignitaires veillent à l'ordre et à l'exécution des constructions royales. Avant tout ils sont responsables de l'exploitation de l'or* en Nubie. De retour au pays, ils font représenter dans leurs tombes des épisodes du « tribut* ». La Nubie devait comporter, comme l'Égypte*, des circonscriptions administratives qui ont dû perdurer aux époques napatéenne* et méroïtique. Après son intronisation, chaque nouveau souverain* napatéen entreprenait un voyage à travers le pays, faisant halte dans un certain nombre de sanctuaires, où il serait tentant de reconnaître des chefs-lieux de circonscriptions. Plus tard, les rois de Méroé* délèguent en Basse-Nubie des *pesto*, dont les responsabilités devaient être proches de celles des anciens vice-rois. Les épitaphes nubiennes précisent les titres des fonctionnaires, mais on connaît rarement leur rôle exact. Abratoye, enterré à Karanog, a vu sa carrière culminer comme ambassadeur du roi de Méroé auprès de Rome*. La statue-*ba** de Maloton, elle aussi de Karanog, nous présente un haut fonctionnaire en tenue d'apparat. Le roi chrétien* de Nobatia envoie toujours en Basse-Nubie un éparque, lointain descendant sans doute du vice-roi des pharaons. CB

Le formidable dispositif qui, au Moyen Empire, verrouillait le Nil* au niveau de la IIe cataracte, a été comparé à la ligne Maginot. Il fallait que le pays de Koush* fût ressenti comme une vraie menace pour qu'on ait ainsi profité du resserrement de la vallée (quand le fleuve se fraie avec difficulté un chemin dans les roches dures du Batn el-Hagar) pour établir, sur près de 100 km, un réseau de forteresses en briques crues, aux noms très agressifs. Destinées à protéger l'Égypte* de ses turbulents voisins, elles permettaient de tenir la frontière* (Sésostris III la fixe à Semna) et surtout d'interdire le passage sur le Nil.

Le dispositif fut commencé par Sésostris Ier et complété par Sésostris III. On a loué l'ingéniosité des architectes qui surent choisir des positions imprenables et rendre si efficaces ces forteresses occupées par de très faibles effectifs. Sésostris Ier et Sésostris III seront divinisés dans la région de la cataracte et l'écho de leur gloire atteindra Hérodote*.

Des stèles, à Ouronarti et Semna, affichent une véritable volonté de mise en condition psychologique contre la

La forteresse de Bouhen.

■ FORTERESSE

pression permanente que devaient exercer les voisins du Sud : « c'est un vrai couard celui qui est repoussé de sa frontière [...] ; si on est agressif envers un Nubien, il tourne le dos ; recule, il devient agressif. Ce ne sont pas des gens respectables ; ce sont des misérables... » C'est sans doute dans ce même esprit qu'à Mirgissa* on utilisait pour des rites d'envoûtement des statuettes portant des textes d'exécration contre les ennemis de l'Égypte.

Le Moyen Empire voit l'âge d'or de ces forteresses, qui continuent ensuite d'être plus ou moins entretenues. Mais, au Nouvel Empire, les Égyptiens ont atteint la IIIe cataracte et porté un coup fatal à l'empire de Koush ; les fortifications du Batn el-Hagar n'ont plus dès lors la même importance.

Certaines forteresses ont pu être étudiées de façon très approfondie : Mirgissa, la plus grande, mais aussi, en aval de la cataracte, Bouhen, ou Quban qui défendait l'accès à l'or* du Wadi el-Alaqi. Fortifications, bastions et courtines en briques crues, tout a désormais disparu, englouti, comme les rochers même de la cataracte, sous les eaux du lac Nasser. CB

FRONTIÈRE
Des barrières naturelles aux stèles égyptiennes

Il est bien difficile de mettre en évidence une notion de frontière pour le pays de Koush*, constitué en grande partie de populations semi-nomades. Nos connaissances sur ces périodes sont trop réduites ; les textes koushites, en méroïtique, n'offrent aucun secours. Si les Égyptiens ont tellement affirmé leur frontière vers le sud, ils rencontraient peut-être en face d'eux des peuplades à qui cette notion était étrangère. Les frontières égyptiennes au pays de Koush s'appuient sur des barrières naturelles : la Ire cataracte à Assouan pour l'Ancien Empire, le Batn el-Hagar au Moyen Empire, Tombos durant le Nouvel Empire ; les Égyptiens, il est vrai, s'installent au-delà de la IIIe cataracte, où s'étend un riche bassin agricole, mais dans une moindre mesure qu'en aval. Quand Thoutmosis III fait ériger une stèle à Napata*, il proclame avoir fixé la frontière à « la corne de la terre », traduisant une notion de domination universelle évidente pour un Égyptien.

En dehors des textes emphatiques, belliqueux ou agressifs qui appartiennent au genre pharaonique, comment se matérialisait une frontière entre Égypte* et Koush ? Il existait à Mirgissa* une sorte de douane, où l'on échangeait des produits. Côté égyptien, on comptait et recensait tout ce qui était introduit dans le pays. Une dîme devait être perçue, attestée à Assouan et plus tard à Coptos, où arrivaient les pistes du désert*. Des militaires veillaient au bon ordre des opérations et garantissaient la sécurité des fonctionnaires*. Des postes frontières ont pu être mis en évidence entre l'Égypte romaine et le royaume méroïtique, comme à Sayala, grâce aux vestiges de tavernes où venaient se détendre les soldats des garnisons. CB

Panneau gravé sur un rocher de Tombos à l'époque d'Aménophis III.

Gravure rupestre représentant un éléphant, Misida, période préhistorique (?).

Girafe

Nous sommes en 1826. Le pacha Méhémet-Ali règne sur l'Égypte*. Désireux d'améliorer ses relations avec le royaume de France, il entreprend de séduire le roi Charles X par un présent aussi exotique* que précieux : une girafe de son pays ! Capturé sur les ordres du pacha, c'est un petit girafon qui débarque donc le 23 octobre 1826 sur les quais du port de Marseille, après une traversée longue et mouvementée. La nouvelle fait tâche d'huile. Tous, des savants au public le plus hétéroclite, viennent contempler l'animal étrange qui séjourne dans les jardins de la préfecture. Ce n'est qu'au bout d'un an, après un hiver passé dans la ville de Marseille, que le girafon entreprend le long voyage qui le sépare encore de Paris, où le roi l'attend. La responsabilité de cet insolite convoi incombe au naturaliste Geoffroy Saint-Hilaire qui mènera l'animal à bon port, jusqu'à la terrasse de Saint-Cloud, le 30 juin 1827. C'est alors au tour des Parisiens d'admirer la girafe, devenue pour l'occasion la principale attraction du Jardin des plantes. À l'instar du rhinocéros immortalisé par des toiles vénitiennes au XVIIIe siècle, l'animal exotique engendre une véritable mode, jusqu'à sa mort en 1844. Pour preuve ces innombrables gravures, assiettes, chapeaux et autres foulards, véritables « produits dérivés » avant l'heure ! Vedette malgré elle, la pauvre girafe sera par la suite empaillée pour être transférée au Muséum d'histoire naturelle de La Rochelle où elle continue d'exercer une indéniable fascination. BGS

Girafe femelle, dessinée au Jardin du Roi, en juillet 1827. Lithographie. Paris, musée des Arts et Traditions populaires.

Gravure rupestre

L'exploration systématique de la Nubie* a permis de mettre en évidence une région importante de l'art rupestre du Sahara ; de part et d'autre du Nil*, entre Assouan et la IIIe cataracte, les représentations rupestres abondent en effet, jusque parfois loin dans le désert*. Il est très difficile de dater cette riche documentation, dans laquelle ne se glissent que très rarement des inscriptions. Certaines figurations, le plus souvent animales, remontent aux plus hautes époques et permettent même parfois d'éclairer des aspects de la civilisation pharaonique, dont une composante majeure est africaine*. Hippopotames, éléphants*, girafes*, autruches (voir Bestiaire) sont figurés à l'aide de plusieurs techniques : pointillés, trait continu précisant les contours, surface défoncée, piquetage des corps. Des représentations de bovidés sont sans doute plus récentes : ils portent des pendeloques au cou, et leurs cornes sont souvent intentionnellement déformées ; leur pelage ou

un harnachement sont quelquefois évoqués. On hésite à interpréter ces images gravées sur des dalles horizontales, ou sur les faces verticales de grands rochers : magie attachée à la chasse* ou au souci de s'approprier le bétail ? On trouve également des représentations de bateaux, parfois loin du fleuve. Quand Thoutmosis Ier, dont l'armée vient de franchir la IIIe cataracte, fait graver sur les rochers, face au royaume de Koush*, d'immenses panonceaux proclamant sa victoire, ce sont presque des procédés de guerre psychologique ; Sésostris III avait fait de même dans les forteresses* de Semna. CB

Hathor

Déesse de la joie, de la beauté, de la danse et de la musique, Hathor « la dorée », assimilée à Aphrodite, règne aussi sur les carrières et les mines.

Elle est chez elle en Nubie*, où selon une légende égyptienne elle s'est réfugiée après une dispute avec son père Rê, furieuse comme une lionne. Mais celui-ci s'ennuie et la pleure ; tout le pays d'Égypte* est en deuil. Rê charge alors Thot, le messager, de retrouver Hathor et de la convaincre de revenir. Il y parviendra, grâce à ses talents de conteur et de diplomate : elle rentrera, apaisée, sous la forme d'une chatte.

On identifie aisément les temples pharaoniques qui lui sont consacrés à travers la Nubie grâce aux chapiteaux des colonnes où apparaît le visage de la déesse (de face), avec ses oreilles de vache et sa coiffure bouclée. Taharqa* interviendra volontiers, entre Napata* et Philae*, dans les sanctuaires déjà consacrés par ses prédécesseurs à la déesse, symbole de la féminité, ajoutant une colonnade, une chapelle ou une nouvelle scène décorative. Il construit pour elle un temple*, en partie creusé dans la montagne* sainte du Djébel Barkal. Avec le dieu Bès, qu'on a longtemps cru originaire du haut Nil*, Hathor préside aux naissances et veille sur la destinée des nouveau-nés. Taharqa se place lui-même sous sa protection, mais également toute sa dynastie ; la déesse devient garante à la fois de sa légitimité et de sa prospérité. CB

Pied de lit funéraire. Pyramide d'Amanishakhéto, fin du Ier siècle av. J.-C. Bois, h. 23,5. Berlin, Ägyptisches Museum und Papyrussammlung.

Héliodore

Œuvre d'un certain Héliodore, qui vécut vraisemblablement au IIIe siècle ap. J.-C. (prêtre du Soleil à Émèse, en Syrie, il se convertit au christianisme et devint évêque de Tricca, en Thessalie), les *Éthiopiques* résument à merveille la fascination des Grecs pour l'Égypte*. Ce roman met en scène un prêtre égyptien du nom de Calasauris, assailli par les demandes de philosophes lors de sa visite au sanctuaire de Delphes : « Ils me posèrent différentes questions sur les dieux et les cultes égyptiens, les divers animaux adorés par mes compatriotes, et ils s'étonnaient de cette diversité... Bref, ils n'oubliaient aucune des curiosités de l'Égypte... »

Longtemps les historiens modernes ont considéré comme pure invention le milieu dans lequel se déroulaient les aventures de Théagène et de sa fiancée. N'était-ce pas une Égypte de fantaisie, une Éthiopie* d'opérette, une Grèce invraisemblable, sans le moindre caractère d'authenticité ? En fait, force est de reconnaître que ces jugements sévères doivent être révisés. Alors que la Delphes d'Héliodore se met à ressembler à s'y méprendre à la Delphes historique, que les fouilles archéologiques ne cessent de révéler, les dernières pages du roman représentent une source d'informations non négligeables sur l'Éthiopie antique et sa capitale, Méroé*. Qu'il ait eu de ce pays lointain une connaissance directe ou qu'il ait entendu lui-même des récits de voyageurs*, caravaniers* ou marchands naviguant en felouques, Héliodore brosse de cette contrée exotique*, peuplée d'éléphants* et plantée de palmiers géants, un tableau qui ne manque pas de piquant ! BGS

Hérodote

Grec d'Asie né à Halicarnasse, Hérodote (v. 484-420 av. J.-C.) entreprit de lointains voyages qui le conduisirent notamment en Syrie, à Babylone, en Colchide, en Macédoine... Mais de tous les séjours qu'il effectua à travers le monde grec et barbare, c'est sans nul doute son périple en Égypte*, vraisemblablement de 455 à 450, qui le marqua le plus. Aussi le pays des pharaons occupe-t-il à lui seul le livre II des *Histoires*, vaste recueil d'enquêtes mêlant fort adroitement études de mœurs et descriptions géographiques des contrées traversées par l'auteur.

Tête d'une statue de Dionysos. Méroé, cimetière nord, IIe siècle av. J.-C. Bronze et argent, 13 × 11,8. Boston, Museum of Fine Arts.

En Égypte, Hérodote se montre curieux de tout. Des pyramides* (dont il consigne chaque mesure) aux opérations longues et compliquées de l'embaumement des cadavres, rien n'échappe à son observation aiguë. Certes, nombre de ses descriptions relèvent parfois de la plus grande fantaisie. Ainsi, sous sa plume, les pattes postérieures du chameau ont chacune deux cuisses et deux genoux ! Il prétend par ailleurs connaître la couleur du sperme des Indiens et des Éthiopiens* : il est noir… Cependant, *reporter* avant la lettre, Hérodote pousse l'enquête, interroge, réfléchit : que ce soit à Cyrène pour tenter de retrouver les sources du Nil*, ou à Éléphantine pour recueillir des informations sur les peuplades qui s'étendent au-delà, vers le sud. Si les progrès de l'archéologie et de l'anthropologie ont généralement corroboré ses dires, le « père de l'histoire » apparaît surtout, de nos jours, sous les traits d'un extraordinaire conteur. BGS

Isis

« Je suis ta mère Isis, maîtresse de la Nubie », est-il proclamé déjà dans la salle des Fêtes de Thoutmosis III, à Karnak. Maîtresse de la Nubie*, Isis le restera jusqu'à la fermeture de son temple* à Philae*, dernier bastion du paganisme.

Mère par excellence, déesse de la magie, elle conçoit de son défunt époux, Osiris, un enfant, Horus, qu'elle protège et console, éclipsant peu à peu du panthéon égyptien les autres « mères divines ». À partir de la XXVe dynastie, se multiplient (dans les amulettes en faïence et dans la statuaire en pierre ou en bronze*) les représentations de l'Isis *lactans* : assise, elle allaite son fils, blotti dans son giron. La dynastie koushite* l'utilise d'ailleurs pour légitimer son pouvoir : dans un texte de Taharqa*, datant de l'an 6, la reine mère et le roi sont comparés à Isis et Horus.

Amulette. Méroé, cimetière ouest, XXVe dynastie, 700-625 av. J.-C. Or, 3,2 × 1,15 × 1,9. Khartoum, Musée national.

Au Ier millénaire, le rôle religieux d'Isis et d'Osiris qui triomphe de la mort évolue, s'amplifie, s'impose dans toute la vallée du Nil*, puis dans le Bassin méditerranéen. Au Soudan, Isis, parèdre d'Apedemak*, partage l'aspect guerrier et victorieux de ce roi des dieux. C'est la déesse universelle, aux « mille noms », plus apparentée à l'Isis méditerranéenne qu'à la forme pharaonique classique. C'est aussi par excellence la déesse de la miséricorde, celle qu'on invoque en tête des épitaphes, la déesse du salut, dont la silhouette figure sur les montants des chapelles, maniant la situle, ce vase en forme de sein d'où jaillit le lait de la libation funéraire. JL

ISLAM
Beled es-Sudan, le pays des Noirs

En 640, les armées arabes conquièrent l'Égypte* ; mais elles renoncent rapidement à occuper la Nubie* où la résistance est sans doute trop forte. Un traité*, le *Baqt*, est conclu avec les Nubiens, chrétiens* depuis peu. Tant bien que mal, pendant près de six siècles, Chrétiens et Musulmans (des marchands qui s'installent au pays des Noirs, Beled es-Sudan) semblent avoir vécu dans un respect mutuel. À partir du XIIe siècle, sans qu'on en comprenne vraiment la raison, les Musulmans s'emparent peu à peu, et sans combats importants, de l'ensemble des royaumes chrétiens de Nubie dont ils sont totalement maîtres au plus tard au XVe siècle. Quand, au début du XVIe siècle, les Ottomans de Sélim Ier poursuivent leur conquête de l'Égypte par celle du Soudan, ils sont surpris de se trouver face à des populations islamisées puissantes, dans l'obédience des Foungs (dont la capitale, Sennar, est située loin au sud, sur le Nil* Bleu). Les Ottomans occupent la Basse-Nubie et installent des garnisons à Qasr* Ibrim et à Sai* ; les Foungs et leurs alliés tiennent la Haute-Nubie et les territoires plus au sud : la limite est fixée en aval de la IIIe cataracte, là où s'élevait la forteresse* de Tinaré. Au nord, les mamelouks, qui ont échappé au massacre ordonné par Méhémet-Ali, en 1811, viennent renforcer les garnisons turques déjà installées des *kachefs*. Au sud, se succèdent les principautés des chefs locaux, les *meks*.
La situation change avec la grande expédition des armées égyptiennes, conduite de 1820 à 1822 par Ibrahim Pacha, le fils de Méhémet-Ali qui convoite les richesses mythiques du Soudan. Hormis les Foungs, l'armée égyptienne se heurtera également à des nomades redoutables. Les sultans du Darfour, dont le pouvoir s'étendait loin dans les steppes à l'ouest du Nil Blanc, restèrent indépendants. CB

Tour de guet (?).
Sédeinga,
période islamique.

Secteur du palais des derniers souverains de Kerma, v. 1600 av. J.-C.

Kerma

La civilisation de Kerma, ou royaume de Koush*, se développe en marge de l'Égypte* à partir de la fin du IIIe millénaire et reste la puissance principale en Nubie* jusqu'à la conquête égyptienne (v. 1550 av. J.-C.). Sa prospérité est fondée sur l'élevage ; on n'hésite pas à abattre par centaines bovidés et ovins pour les funérailles des grands personnages. Très vite, le commerce va s'imposer car le royaume, contrôlant le riche bassin s'étendant entre les IIIe et IVe cataractes, se trouve au croisement des pistes d'où affluent les richesses de l'Afrique* profonde et des routes commerciales qui relient très tôt ces régions à la mer Rouge.

La ville* de Kerma est située sur la rive droite du Nil*, à une vingtaine de kilomètres en amont de la IIIe cataracte. On crut d'abord qu'elle était un comptoir égyptien, mais les fouilles récentes révèlent au contraire une ville nubienne, à l'est d'un port. À l'intérieur de fortifications, un quartier religieux, dominé par la *deffufa* (masse de brique crue de 19 m de haut sur 52 m de long, dont la silhouette évoquerait celle d'un temple* égyptien, ill. p. 72), côtoie la hutte d'une salle d'audience, des constructions rectangulaires en briques, des palais, des ateliers, mais aussi des fermes, montrant une urbanisation élaborée ; c'est le type même des grandes villes du Sahel africain, construites en briques crues. D'autres cités ont été repérées. Leurs cimetières ont également livré des éléments précieux pour la connaissance de cet ancien État* d'Afrique, le premier grand royaume qui durant un millénaire a tenu tête à son voisin égyptien. CB

KHARTOUM
Un musée au cœur du pays

Construite en 1823, par les troupes égyptiennes de Méhémet-Âli, sur la rive sud du Nil* Bleu, juste en amont du confluent avec le Nil Blanc, Khartoum fut d'abord un camp militaire, puis, à partir de 1830, le siège du gouverneur égyptien. Située à un carrefour géographique exceptionnel, elle devient un centre majeur du commerce de l'ivoire et des produits africains*. Après le siège de la ville et la coupure de la Mahdiya, les troupes anglo-égyptiennes remportent la bataille d'Omdurman, en 1898. Un condominium est établi sur le pays en 1899 : le siège du gouvernement central est fixé à Khartoum. Elle restera la capitale du Soudan, indépendant en 1956.

Lion dévorant un prisonnier. Basa, période méroïtique. Khartoum, jardin du Musée national.

Tout près du confluent des deux Nils, le Musée national du Soudan a été inauguré en 1972. Il rassemble l'essentiel des découvertes archéologiques soudanaises, même si quelques collections plus modestes conservent encore quelques pièces importantes à proximité de leurs lieux de découverte. Parmi les trésors présentés à Khartoum, on notera en particulier un magnifique ensemble de fresques chrétiennes*, provenant de sites nubiens* engloutis sous les eaux du lac Nasser, tel Faras, dont quelques colonnes et chapiteaux sont présentés à l'extérieur. Les colosses d'Argo encadrent désormais l'entrée du musée. Différentes statues ont été disposées au milieu des fleurs du vaste jardin. Plusieurs monuments nubiens, démontés pendant la campagne de sauvetage de l'U.N.E.S.C.O.*, ont pu être remontés au bord d'un canal sinueux, creusé dans le jardin ; un système ingénieux de hangars sur rails permet de les protéger des violentes pluies qui s'abattent l'été sur la région de Khartoum. CB

Koush (royaumes de)

Au sud de l'Égypte* de l'Ancien Empire, protégé en amont par la IIIe cataracte, se constitue et se développe, semble-t-il à partir d'environ 2300, Kerma*, le premier grand royaume africain* que les textes pharaoniques feront connaître comme le pays de Koush. C'est en raison du danger qu'il représente pour l'Égypte que va être construite au Moyen Empire la série de forteresses* si impressionnantes qui tiennent toute la zone de la IIe cataracte. Quand la XVIIIe dynastie égyptienne entreprend la conquête des régions du Sud, c'est pour stopper le développement de Koush qui s'était étendu pendant la 2e Période intermédiaire depuis Assouan jusqu'à la IVe cataracte. Thoutmosis Ier parvient à Tombos, en amont immédiat de la IIIe cataracte ; Napata*, en aval de la IVe cataracte, est rapidement atteinte, et peut-être, en contournant celle-ci, Kurgus, où l'on a retrouvé une inscription pharaonique.

Dès lors, les richesses du pays de Koush peuvent de nouveau affluer en Égypte ; les fonctionnaires* égyptiens ayant servi dans les pays du Sud se plaisent à faire représenter dans leurs tombes, à Thèbes, les scènes du tribut* nubien.

Avec Ramsès II*, le centre de gravité de l'Égypte se déplace vers le delta. Après lui, la Nubie* disparaît rapidement des préoccupations égyptiennes. Le royaume de Koush se réorganise alors autour de Napata. À la fin du VIIIe siècle av. J.-C., Koush conquiert à son tour l'Égypte (stèle de la Victoire de Piye, 730 av. J.-C.), jusqu'à ce que l'expansion assyrienne l'oblige à se replier au Sud. CB

Lepsius (Karl Richard)

À sa mort, le 4 mars 1832, Champollion laisse derrière lui une quantité impressionnante d'écrits (conservés par la Bibliothèque nationale, à Paris). Hélas, son jeune disciple, l'Italien Francesco Salvolini, s'avère un indigne continuateur, se contentant de plagier ou de publier sous son propre nom des notes arrachées à son maître sur son lit de mort…

Vue de la *deffufa* de Kerma.

Karl Richard Lepsius, *Vue de Méroé.* Lithographie extraite de *Denkmäler aus Aegypten und Aethiopien,* 1849-1859.

C'est alors qu'un étudiant en linguistique et en philologie classique, Karl Richard Lepsius (1810-1884), débarque à Paris, en 1833, pour apprendre à déchiffrer les hiéroglyphes dans les ouvrages du savant français. Avec un pragmatisme tout germanique, le jeune homme parachève en trois courtes années l'œuvre du grand égyptologue, ce qui lui vaut d'attirer l'attention et les faveurs de l'empereur Frédéric-Guillaume IV de Prusse. Ce dernier lui confie, en 1842, l'ambitieuse entreprise de conduire, avec de gros moyens, une expédition visant à décrire les principaux sites d'Égypte* mais aussi de Nubie*, jusqu'à la zone désignée alors sous le terme d'« Éthiopie* », en réalité le cœur du Soudan.
Au terme de cette mission féconde qui durera trois ans, Lepsius reviendra avec une masse colossale de relevés d'inscriptions et de monuments qu'il publiera dans ses fameux *Denkmäler aus Aegypten und Aethiopien* : douze in-folio comportant près de mille planches qui, au même titre que *La Description de l'Égypte*, est devenue la bible des égyptologues. Ce sont aussi près de 15 000 pièces (statues, fragments, reliefs...) qui, grâce à lui, sont venues enrichir les fonds du musée de Berlin. BGS

Lion

Dans l'Antiquité, le lion est un animal répandu le long du Nil* ; au XIXe siècle, les voyageurs* en rencontrent encore près de Méroé*. Pharaon se doit d'affronter ce redoutable félin pour triompher des forces mauvaises et affirmer sa bravoure : des émissions de scarabées proclament ainsi la vaillance d'Aménophis III* qui a tué, nous dit-on, cent deux lions à la chasse*.
Les pharaons en ont fait un symbole de pouvoir sous la forme du sphinx au corps de lion, dont la tête est en général un portrait* du roi.
À Sédeinga*, la reine Tiy est figurée entrant dans son temple* sous la forme d'une sphinge. Image du Pharaon, le

lion peut aussi participer à sa protection ; ainsi, à Soleb*, deux magnifiques lions couchés en granit rouge, veillaient, tranquilles et majestueux, à l'entrée du temple.
Les souverains* napatéens* et méroïtiques reprendront ce symbolisme à leur compte. Sur les pylônes des temples ou des chapelles funéraires, le lion triomphe avec la Candace* qu'il accompagne, piétinant ou plantant ses crocs dans les corps des vaincus. Ces scènes d'une grande cruauté* sont sans doute destinées à impressionner ceux qui envisageraient de se rebeller contre l'autorité. Le lion protège également les souverains : une tête de lion pare le front de certains rois (remplaçant les *uræi* pharaoniques).
Enfin Apedemak* à tête de lion, image du pouvoir et du « bon ordre », du juste équilibre des forces du monde, est garant de la vie et de la fertilité lorsqu'il veille près des citernes* ou tend à ses fidèles un bouquet d'où s'échappent des croix ansées. CB

Littérature

Bien avant les grands explorateurs du XIXe siècle, les auteurs classiques ont livré maintes informations, certes parfois contradictoires, concernant « les Éthiopes au-delà de l'Égypte* ». Ainsi, dès le Ve siècle av. J.-C., Hérodote* semble connaître de source sûre l'emplacement de l'antique Méroé*, et « au-delà de cette ville, le pays des "Déserteurs" qu'on atteint en autant de jours qu'il en a fallu pour aller d'Éléphantine à Méroé ». Narré dans le livre II des *Histoires*, l'épisode de l'infructueuse campagne du roi perse Cambyse, en amont du Nil*, constitue en soi un véritable morceau de bravoure.
Loin d'être un simple roman « léger », Les *Éthiopiques* d'Héliodore* (IIIe siècle ap. J.-C.) décrivent, quant à elles, avec une verve inouïe, « l'île immense, équivalant à un continent, qui nourrit des animaux énormes, notamment des éléphants*, et dont la fertilité est telle que les arbres y deviennent plus grands qu'ailleurs ».
Bien des siècles plus tard, Gustave Flaubert (1821-1880) sacrifiera à la même veine exotique* lorsqu'il relatera, dans son *Journal*, ses impressions sitôt passé « la première cataracte ».
Enfin, plus proche de nous, J.-M. G. Le Clézio (dont le frère fut lecteur à l'université de Khartoum*) a traduit sa fascination pour le Soudan dans ce beau roman initiatique qu'est *Onitsha*. Geoffrey, son jeune héros, ne part-il pas lui aussi à la recherche des sources du Nil et de l'antique Méroé ? BGS

Maxime Du Camp, *Ibsamboul, les deux Spéos*, 1849-1851. Photographie. Paris, Bibliothèque nationale de France, cabinet des Estampes.

« Des nègres nus traversent le fleuve sur des troncs de palmier, en ramant avec les deux mains. Ils disparaissent dans les tourbillons d'écume plus rapidement qu'un flocon de laine noire jeté dans un courant de moulin… »

Gustave Flaubert, *Journal*, 1850.

Bas-relief représentant le dieu Apedemak en lion. Naga, temple du Lion, période méroïtique.

MÉROÉ

On a longtemps associé à la campagne menée par les troupes pharaoniques de Psammétique II, en 591 av. J.-C., la décision de fonder une nouvelle capitale à Méroé, loin au sud de la Ve cataracte ; mais cette ville*, sur la rive droite du Nil*, existait déjà. Elle se développe considérablement à partir de cette époque autour d'un grand temple* d'Amon.

Méroé donnera son nom à une brillante civilisation africaine qui se développe depuis la Ire cataracte jusqu'au confluent des deux Nils et sans doute plus au Sud, entre le Ve siècle av. J.-C et le IIIe siècle de notre ère. Influencée par ses voisins, surtout l'Égypte lagide puis romaine, mais aussi le Proche-Orient et la Perse, voire le monde asiatique, elle connaît un âge d'or au Ier siècle av. J.-C.

La communauté scientifique internationale cherche toujours à comprendre les textes (voir Écriture) que l'Empire méroïtique nous a laissés, depuis la fin du IIIe siècle av. J.-C. Actuellement seuls les témoignages archéologiques recueillis en fouilles nous permettent d'appréhender cette civilisation des bords du Nil sahélien. Le site de Méroé est très étendu et les

Vue générale du cimetière nord de Méroé.

fouilles, reprises récemment, n'ont qu'à peine effleuré les vestiges accumulés parfois sur une grande hauteur. À proximité du quartier religieux, d'énormes tas de scories marquent l'emplacement des ateliers et des forges, et rappellent le rôle de Méroé dans la métallurgie* du fer.

À l'extérieur de la ville, de nombreux sanctuaires ont été dégagés. L'un d'eux, appelé « temple du Soleil » en référence aux textes classiques et aux *Éthiopiques* d'Héliodore*, pourrait en fait avoir servi aux parades militaires des rois victorieux ; si l'on en croit les ossements humains retrouvés sur le site, on a pu exécuter là les prisonniers faits au combat.

Loin vers l'est, fermant cette immense plaine, les pyramides* royales, construites au sommet de deux petites collines, étaient encore quasi intactes avant que Ferlini, en 1834, ne découvre un trésor* dans la sépulture d'Amanishakhéto. Elles furent toutes ensuite systématiquement pillées ! Patiemment restaurées par l'Organisation des antiquités du Soudan, les pyramides se dressent à nouveau ; les bas-reliefs des chapelles permettent aux visiteurs de suivre les funérailles des candaces* et des rois de Méroé. CB

Métallurgie

Qualifier Méroé* de « Birmingham africaine » est sans doute bien exagéré, mais les Méroïtes ont vraisemblablement joué un rôle non négligeable dans l'élaboration de techniques métallurgiques et leur diffusion à travers l'Afrique* sub-saharienne. Les objets en fer sont rares dans le royaume de Koush* avant l'époque méroïtique, mais notre documentation, essentiellement funéraire, est tributaire des pillages qui portaient en priorité sur l'armement des défunts. Le travail du fer est attesté à Méroé à partir du Ier siècle et jusqu'à la fin de l'Empire : des tas de scories délimitent les zones où l'on traitait le métal

Pointes de flèches. Île de Sai, époque méroïtique. Fer.

dans des fours de type romain. À El-Hobagi, sur la rive gauche du Nil*, on a découvert récemment une forge et un four. Plus au nord, à Tabo, Kawa ou Napata*, on aurait repéré à proximité des temples des quartiers réservés à la métallurgie ; il en était déjà ainsi à Kerma* pour les fours de bronziers. L'origine du métal n'est pas certaine, car on a mis en doute l'utilisation des grès ferrugineux locaux. L'exploitation intensive du bois servant de combustible aurait provoqué un désastre écologique et la désertification progressive de la région autour de Méroé.

Ces ateliers produisaient probablement surtout des armes : si, à l'époque d'Auguste, Strabon jugeait très insuffisant l'armement des Méroïtes, au IIIe siècle, un texte romain insiste au contraire sur la supériorité des armes des Éthiopiens* (les Méroïtes), en lutte contre les Blemmyes. CB

Mirgissa

Mirgissa, Iken pour les pharaons, est la plus grande des forteresses* construites dans le Batn el-Hagar, à environ 40 km au nord de Semna où Sésostris III, au Moyen Empire, fixe la frontière* d'Égypte*. C'est un poste clef pour le commerce, nous précise une inscription de Semna : ni les gens de Koush*, ni leurs troupeaux ne peuvent franchir la frontière, « à l'exception de ceux qui viendraient pour faire du commerce à Iken ou qui seraient chargés d'une mission ».

C'est le point extrême où peuvent parvenir les bateaux ; les rochers de la cataracte interdisent ensuite toute navigation. Un petit port y était aménagé, ainsi qu'un passage en rondins recouverts d'argile qui permettait aux bateaux de glisser dans le désert* sur près de 2 km, pour contourner les rapides.

En dehors des fortifications qui surplombent le fleuve, s'étendait sur près de 3 km^2 une ville* ouverte, où vivait une colonie égyptienne, avec des villas, des jardins, des boulangeries, des ateliers et un petit temple* à Hathor*. On y a également découvert d'étonnantes statuettes magiques, censées protéger les installations par des rites

d'envoûtement contre les peuples étrangers. Des cimetières importants se trouvaient à proximité : enterrés à l'égyptienne, les défunts portaient souvent un masque en plâtre doré sur le visage.

Mirgissa contrôlait les produits qui entraient en Égypte : tout y était recensé, scellé, et les empreintes sur argile, retrouvées en nombre considérable, livrent des trésors d'informations sur la vallée du Nil* à la fin du IIIe millénaire. CB

Montagne sainte du Djébel Barkal

La montagne sainte du Djébel Barkal se trouve non loin de la IVe cataracte, en aval. Ce plateau, présentant en façade une falaise abrupte, domine du haut de ses 97 m la plaine qui s'étend alentour.

Sur une aiguille de roc, visible de très loin, Taharqa* fit graver une inscription monumentale, sans doute recouverte de feuilles d'or*, à la gloire de l'un des plus fameux sanctuaires de la vallée

Vue du temple d'Amon depuis le sommet du Djébel Barkal.

du Nil*, la demeure d'Amon (maître de la montagne pure) à Napata*, la Karnak du Sud. Continuant l'œuvre des souverains* égyptiens du Nouvel Empire, Piye, le roi* très pieux, avait fait élever un grand temple* à l'égyptienne au pied de la montagne.
Taharqa décide de s'enfoncer dans la falaise où il réalise un sanctuaire en l'honneur de la triade thébaine. Ses successeurs y construiront à leur tour des temples et des palais, mêlant divinités et souverains. Amon, le protecteur de la dynastie, y désigne lors d'un oracle célèbre le prochain roi ; les cérémonies de l'intronisation s'y dérouleront longtemps encore après le transfert de la capitale à Méroé*. Tanoutamon, chassé d'Égypte* par les Assyriens, se fit enterrer à l'égyptienne à El-Kurru. Statuettes funéraires et sarcophages montrent par la suite la fidélité aux cultes égyptiens, même si la coupure avec le Nord conduit peu à peu à une certaine altération des coutumes et des textes qui finissent par devenir illisibles. Au tournant de notre ère, on vient toujours exprimer sa piété au pied de la montagne sainte, mais en méroïtique. CB

Naga

Loin du Nil*, dans les riches steppes du Butana, Naga est un des plus beaux sites méroïtiques*. À proximité d'un point d'eau, où viennent aujourd'hui encore s'abreuver les grands troupeaux des nomades, plusieurs temples y sont toujours debout. À proximité, le plan d'une grande ville*, aux palais de pierres soigneusement appareillées, se lit au sol ; une citerne*, ou *hafir* est encore visible ; non loin, on a repéré deux cimetières. Le site n'a pas encore été fouillé. L'un des temples, construit par le couple royal Natakamani et Amanitore, est dédié à Apedemak*. À l'extérieur, le roi, la reine et le prince rendent hommage aux divinités du panthéon méroïtique, conduites par le dieu-lion*. À l'arrière du temple*, au centre de la paroi, Apedemak est représenté avec trois têtes et quatre bras, accueillant le roi et la reine, comme si on avait

pris le parti de rabattre en symétrie sur le mur un cortège avançant perpendiculairement à lui. À l'intérieur, sur plusieurs registres de divinités, on reconnaît Zeus et Sarapis à leurs visages de face, barbus, encadrés de lourdes boucles ; de face également, une surprenante silhouette à coiffure à rayons évoquerait Hélios. Le temple dédié à Amon est construit sur la pente bordant le ouadi ; il était précédé d'une allée flanquée de béliers*. Cours, salle hypostyle, petites chapelles se succèdent jusqu'au saint des saints, au sommet. Les reliefs sont très érodés, mais là aussi le couple royal est représenté face au panthéon. Non loin, un joli kiosque au style hybride marie des influences grecques, romaines et égyptiennes. CB

Kiosque de Naga, époque méroïtique, IIe-IIIe siècle ap. J.-C.

Napata

La civilisation de Kerma* s'était développée dans les riches bassins qui s'étendent entre les IIIe et IVe cataractes. À la XVIIIe dynastie, l'armée égyptienne avait atteint la IVe cataracte et fondé Napata. Avec les derniers Ramessides, dont les intérêts se tournent vers la Méditerranée, la Nubie* semble peu à peu abandonnée.

Une dynastie indigène commence de se développer à Napata à partir de 800 av. J.-C. Le roi* Piye (Piankhy) en part en 730 pour entreprendre la conquête de l'Égypte*. Sous son successeur Chabaka, vers 715, les Nubiens deviennent les maîtres de la basse vallée du Nil* (XXVe dynastie d'Égypte). L'Empire koushite* ajoutera Napata aux grandes capitales historiques d'Égypte, Thèbes et Memphis. Malgré la fondation postérieure de Méroé*, Napata, au pied de la montagne* sainte du Djébel Barkal, restera un centre religieux majeur de l'Empire méroïtique. C'est à proximité, dans le cimetière d'El-Kurru (sur la rive droite du fleuve) que les rois ancêtres puis ceux de la XXVe dynastie se font enterrer sous des tumuli*. Taharqa* franchira le Nil pour faire construire à Nuri une pyramide* dont la disposition rappellera l'*Osireion* (sanctuaire d'Osiris) d'Abydos. Saccagée sous Auguste par les armées de Petronius, nous dit Pline, avant qu'un traité* ne fût signé à Samos, Napata fut restaurée par la suite. La ville* ancienne est recouverte en grande partie par la moderne Karima. Des fouilles se consacrent aux temples et aux somptueux palais que les souverains* méroïtiques ont édifiés à proximité, au pied du Djébel Barkal. CB

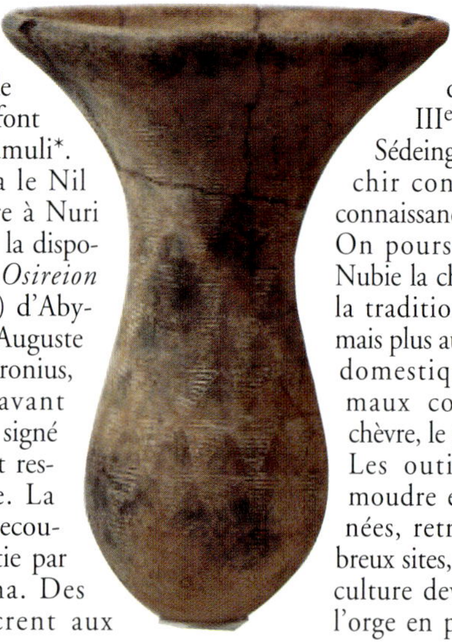

Vase caliciforme. Kadero, période néolithique. Terre cuite, 27,3 × 19,4. Poznan, Musée archéologique.

Néolithique

L'étude de la période néolithique au Soudan, (env. 6000-2800 av. J.-C.), n'en est encore qu'à ses débuts. Des fouilles récentes, tant dans la région de Khartoum* (Kadero) qu'au voisinage de la IIIe cataracte (Kadruka, Sédeinga), sont venues enrichir considérablement nos connaissances sur cette époque. On poursuit alors en Basse-Nubie la chasse et la pêche dans la tradition du paléolithique, mais plus au sud on commence à domestiquer certains animaux comme le bœuf, la chèvre, le mouton ou le chien.

Les outils en pierre pour moudre et broyer les graminées, retrouvés sur de nombreux sites, indiquent que l'agriculture devait être pratiquée ; l'orge en particulier aurait été

cultivée dès le milieu du Ve millénaire. Les galets de quartz continuent à servir d'armes et d'outils, mais on fabrique également, en os ou en ivoire, des harpons, des hameçons, des lissoirs, des aiguilles finement décorées. Des dents d'hippopotame (voir Bestiaire) forment des étuis à fard. Des parures sont réalisées dans divers matériaux (pierre, ivoire, os, coquillage). La céramique* tient une place exceptionnelle : ses bords incisés sont caractéristiques, ainsi que les impressions en « arête de poisson » effectuées à l'aide d'un peigne. Le vase « caliciforme », qu'on ne trouve que dans les sépultures des dignitaires, doit avoir joué un rôle particulier dans le rituel* funéraire.

Si l'étude des rares habitats repérés à proximité des cimetières conduit trop souvent à de simples classifications typologiques de tessons, les nécropoles livrent quantité d'informations sur la vie quotidienne, les croyances religieuses, voire d'éventuelles stratifications sociales. CB

Nil

Né des grands lacs de l'Afrique* orientale, le Nil Blanc rejoint par des chutes impressionnantes la plaine soudanaise où il paresse en mille bras parmi une très riche végétation qui le freine. Puis, coulant tranquillement vers le nord à travers la brousse, il reçoit à Khartoum* l'apport du Nil Bleu, qui descend des hauts plateaux volcaniques éthiopiens. Au-delà de Khartoum, six cataractes viennent barrer le cours du fleuve sur des distances plus ou moins longues. À Abu Hamed, le Nil change même de direction et se fraie très péniblement un passage vers le sud-ouest, à travers les barres rocheuses de la IVe cataracte, avant de repartir vers la Méditerranée.

Entre les IVe et IIIe cataractes, s'étend le riche bassin agricole qui a vu se développer le royaume de Koush*. Au-delà de la IIIe cataracte, le Nil coule au milieu du désert* : seuls quelques mètres de part et d'autre du fleuve, ou des îles

Le Nil en crue dans la région de Khartoum.

Les archers Nubiens des armées de Pharaon. Deir el-Bahari, relief du temple, d'Hatchepsout, XVIIIe dynastie, v. 1480 av. J.-C. Calcaire peint, 33 × 39. Berlin, Ägyptisches Museum und Papyrussammlung.

comme Sai, permettent encore quelques cultures. Puis venait le Batn el-Hagar, le « ventre de pierre », où tourbillons et chutes se multiplient sur plus de 80 km, dans la zone de la IIe cataracte. Les Égyptiens y avaient installé au Moyen Empire un réseau de forteresses* impressionnantes. La navigation redevient possible en Basse-Nubie*, entre Wadi Halfa et la Ire cataracte. Les crues du Nil ne jouèrent jamais un rôle aussi bénéfique au Soudan qu'en Égypte* ; dans bien des secteurs ce sont seulement les berges escarpées qui peuvent être cultivées. Voie de pénétration vers l'Afrique et de communication nord-sud, le Nil l'est sans doute, mais les cataractes qui l'interrompent rendent indispensables les pistes de caravanes* qui fréquemment le doublent, ou en coupent les boucles importantes. CB

NUBIE
Le royaume des deux Nils

La Nubie, qui s'étend le long du Nil* en amont d'Assouan, se divise en deux grandes régions partagée entre l'Égypte et le Soudan : la Basse-Nubie, jusqu'à la IIe cataracte, et la Haute-Nubie, de la IIe à la IVe cataracte. La Basse-Nubie, sans richesse agricole, a vécu depuis le IIIe millénaire av. J.-C. dans une certaine mouvance de l'Égypte*, qui y a exploité très tôt mines et carrières. En Haute-Nubie, au contraire, le riche bassin de Dongola* a vu se constituer et s'épanouir le royaume de Koush*, qui s'opposa vaillamment à l'Égypte avant d'être conquis par les pharaons. La langue nubienne, avec des variations régionales il est vrai, est encore aujourd'hui parlée dans tout le pays ; elle dérive du vieux nubien utilisé à l'époque des royaumes chrétiens*.

Région particulièrement déshéritée, la Basse-Nubie a toujours vu sa population s'exiler pour chercher du travail. C'était déjà le cas dans l'Antiquité : l'armée des pharaons comptait dans ses rangs de nombreux mercenaires nubiens armés d'arc, et les Nubiennes entraient au service des riches familles égyptiennes. Encore récemment, en Égypte, la garde des propriétés était confiée à des Nubiens, qui y pratiquaient aussi tous les petits métiers de l'hôtellerie.

Traditionnellement pauvre, la Basse-Nubie est pourtant l'une des régions d'Afrique* les mieux connues sur le plan archéologique : les menaces que fit peser sur elle la construction d'un barrage à Assouan, dès la fin du XIXe siècle, y avaient déjà conduit à des enquêtes systématiques ; plus tard, dans les années 1960, la construction du Sad el-Ali, qui la condamnait définitivement à disparaître, a entraîné une vaste campagne de sauvetage de l'U.N.E.S.C.O.* CB

Or

L'or, une des principales richesses de la Nubie*, a toujours été convoité par l'Égypte* qui, dès le Moyen Empire, exploite les mines du Wadi el-Alaqi ; très tôt, son accès est protégé par la forteresse* de Quban. Des cartes et des plans des mines sur papyrus nous sont parvenus. L'eau était quasi absente de ces régions et les conditions d'exploitation y étaient terrifiantes. Les populations nomades, alentour, continuellement menaçantes, obligeaient à des campagnes militaires répétées. Au Nouvel Empire, l'une des administrations égyptiennes majeures était celle de l'or, placée directement sous la responsabilité du vice-roi de Nubie. L'un d'eux, Houy, ornera sa tombe, à Thèbes, de l'une des plus jolies représentations du tribut* nubien : l'or y figure dans des paniers ou des sacs, en petits cônes de poudre, en lingots, en anneaux.

À l'époque ramesside, l'or continue de provenir du désert* montagneux, entre Nil* et mer Rouge (où se trouvent aujourd'hui encore des exploitations), mais il semble qu'on ait eu de plus en plus de mal à exploiter les carrières du Wadi el-Alaqi : des expéditions égyptiennes doivent disputer le contrôle de ces régions aux nomades qui les parcourent.

Plus au sud, sur le Nil Bleu, l'or de la région du Fazoql se trouve dans les sables des rivières. Quand, au début du XIXe siècle, le pacha Méhémet-Ali décide de conquérir le Soudan, l'armée égyptienne rêve d'Eldorado : « Il avait été tellement question de mines d'argent et d'or, que les soldats eux-mêmes ne faisaient qu'y rêver », écrit Frédéric Cailliaud*. CB

Étui-cylindre du roi Aspelta. Nuri, période napatéenne, 593-568 av. J.-C. Or, 11,4 × 3,2. Boston, Museum of Fine Arts.

Étui-cylindre (parties supérieure et inférieure) du roi Amaniastibarqa. Nuri, période napatéenne, 510-487 av. J.-C. Or, 4,2 × 3. Khartoum, Musée national.

Pèlerinage

Seuls les prêtres ont accès, pour le rituel quotidien, aux temples pharaoniques. Il devait en être de même au Soudan, aux époques napatéenne* et méroïtique*. Mais à l'occasion de fêtes, des foules immenses se rassemblaient près des sanctuaires pendant plusieurs jours. La statue de la divinité était alors sortie de son temple* pour être offerte à l'admiration des pèlerins, et rendre des oracles ; elle pouvait être portée en procession jusqu'à un autre sanctuaire, accompagnée du joyeux cortège de musiciens et de badauds, figuré sur les bas-reliefs. Le parvis des temples servait de scène : on y représentait les faits majeurs des cycles divins. Les fidèles des cultes à mystères étaient probablement initiés en ces occasions.

Philae* sera le centre de pèlerinage le plus vénéré des Nubiens jusqu'à la transformation du temple d'Isis* en église, sous Justinien : chaque année, on venait en grande pompe y chercher la statue de la déesse pour l'emmener vers le sud, en une belle procession sur le Nil* ; puis la déesse regagnait le calme de son sanctuaire.

À l'époque chrétienne*, on circulait beaucoup à travers la Nubie*, d'un lieu saint à un autre. On venait de très loin prier à Faras ou Dongola*, dans les basiliques construites sur les tombes des premiers évêques, pour demander l'intercession des saints locaux. Ampoules d'eau bénite, gourdes de pèlerins, retrouvées parfois bien loin de leurs lieux de production, témoignent de la foi, comme de l'ampleur des voyages qu'on n'hésitait pas à entreprendre dans des régions alors pacifiées. CB

Gourde de pèlerin. Sédeinga, époque napatéenne. Calcite. Khartoum, Musée national.

Philae

Située au cœur de la Ire cataracte, Philae est le domaine privilégié d'Isis*. Depuis l'île, la déesse veille sur le rocher de Bigeh où est enterré son époux Osiris, à proximité de la caverne de Hapy, d'où jaillit la crue annonçant la résurrection du dieu.

Les plus anciens monuments en place remontent à la XXXe dynastie, époque où s'affirme la ferveur du culte à Osiris, ce roi mort qui ressuscite grâce à l'amour fidèle de son épouse Isis, « dame de magie ». Veillent avec elle la déesse Hathor*, qui participe par la musique et les danses au rituel* du deuil, et Arensnouphis, divi-

nité de Nubie*, souvent associé à la chasse*, peut-être assimilé ici à Thot. De son temple*, ouvert vers le sud, Isis contemple la Dodécaschène* dont elle est la maîtresse, protégée par des statues de lions* qui flanquent le *dromos* (allée). Sur le parvis, un portique est bordé de six pièces annexes : l'une contenait la bibliothèque du temple ; une autre était réservée aux Méroïtes* qui y ont laissé de longs récits d'« ambassades* ». Car si Philae était dans l'Antiquité le sanctuaire d'Isis le plus réputé, il demeurait un centre de pèlerinage* particulièrement fameux pour les Nubiens ; des Méroïtes appartenaient d'ailleurs au clergé de l'île.

En 384 ap. J.-C., l'édit de Théodose impose le christianisme et décrète la fermeture des temples païens de la vallée du Nil*. Mais Philae reste en activité, fief des derniers dévots nubiens de la déesse Isis. Il faudra attendre le VIe siècle pour que le temple soit finalement transformé en église.

Engloutis pendant plus d'un demi-siècle, au gré des saisons, sous les eaux du premier barrage, démontés et reconstruits grâce à l'U.N.E.S.C.O.* sur une petite île voisine, les monuments de Philae, « la perle de l'Égypte* », sont désormais sauvés ; à l'abri du lac Nasser, ils témoignent à nouveau de la gloire d'Isis. CB

David Roberts, Vue générale de l'île de Philae, Nubie, novembre 1838.

Gaston Maspero, à la fin du siècle dernier, trahit sa perplexité quand il décrit les traits de Kashta (un ancêtre des pharaons koushites qui ont régné sur l'Égypte* à la XXVe dynastie), conservés sur un relief d'Éléphantine : « un nez camard, un menton en retrait et de grosses lèvres saillantes, bref un type à demi négroïde. » Peut-on pourtant y voir un portrait au sens actuel, ou la simple évocation à l'égyptienne d'un visage du Sud ?

Les représentations des souverains koushites sont assez nombreuses, tant en Égypte proprement dite que dans le reste de l'Empire. On peut comprendre l'étonnement d'un égyptologue face à ces visages rudes, arborant sur leur front les *uræi* (cobras royaux) de la double souveraineté* sur l'Égypte et le pays de Koush*, et se singularisant volontiers des pharaons antérieurs par le port d'un petit bonnet serré autour de la tête.

Les traits de Taharqa*, le plus prestigieux sans doute de la XXVe dynastie, nous sont connus par une abondante iconographie : la face est ronde et lourde, le nez charnu et un peu busqué, la bouche large ; la brachycéphalie (crâne aussi large que haut) accentue l'effet du menton court. L'ensemble donne une impression de force et de vigueur, de rudesse également, aussi bien quand le roi est coiffé du bonnet koushite, que lorsqu'il porte les couronnes traditionnelles égyptiennes, le *nemes*, ou encore lorsqu'il est figuré en sphinx, la rondeur du visage soulignée par la crinière de lion*. Au-delà des traits réalistes koushites, cette iconographie témoigne aussi d'une évidente idéalisation pharaonique, imprégnée d'archaïsme. Les représentations des rois de la XXVe dynastie sont sans doute individualisées. C'est peut-être encore le cas pour des souverains koushites plus tardifs, à Méroé*, Musawwarat ou Naga* par exemple. On y retrouve les mêmes caractéristiques : brachycéphalie, rondeur des visages aux traits lourds, dégageant une impression de force, de rudesse et de puissance.

Faut-il voir de véritables portraits dans la galerie de visages souvent stylisés* qu'ont conservés jusqu'à nos jours les statues-*ba** de Nubie* ? Beaucoup sont trop frustes et naïves. Certaines pourtant sont d'un expressionnisme saisissant, coiffées souvent du petit bonnet serré, qui laisse voir les « cheveux en grain de poivre », avec parfois sur les joues des scarifications*, qu'on rencontre encore aujourd'hui en Nubie. CB

Portrait du roi Chabaka. Relief du temple de Karnak, XXVe dynastie, 698-690 av. J.-C. Grès, 33,2 × 54,5 × 16,1. Berlin, Ägyptisches Museum und Papyrussammlung.

Statue du roi Senkamanisken. Djébel Barkal, période napatéenne, 643-623 av. J.C. Granit, 147,8 × 50,1. Boston, Museum of Fine Arts.

Le Roi et la reine de Pount.
Deir el-Bahari, bas-relief du temple d'Hatchepsout, XVIIIe dynastie, v. 1480 av. J.-C. Le Caire, Musée égyptien.

Pount

Tout au long de son histoire, l'Égypte* envoie des expéditions au pays de Pount. L'emplacement de ce paradis d'où provenait l'encens, si prisé des dieux égyptiens, a été longtemps situé par les érudits dans la lointaine Arabie du Sud ou en Somalie. En fait, il s'agit probablement des plateaux de la zone côtière du Soudan et de l'actuelle Érythrée, le long de la mer Rouge. Les sources anciennes précisent qu'on pouvait l'atteindre depuis l'Égypte soit par la vallée du Nil*, soit par la mer. Hormis sa localisation exacte, les bas-reliefs égyptiens fournissent une ample documentation sur la région. À Deir el-Bahari, une expédition envoyée par la reine Hatshepsout est minutieusement décrite : poissons, palmiers, huttes en paille sont figurés ainsi que la reine de Pount en personne, montrant un embonpoint maladif ; témoignant de tentatives d'acclimater l'arbre à encens en Égypte, on y voit également des arbrisseaux qui sont soigneusement emballés pour être embarqués.
À Thèbes, dans la tombe d'Amenmès (sous le règne d'Aménophis III*), des Pountites sont figurés avec des traits fins, une peau cuivrée et des cheveux courts ; ils sont habillés de pagnes en peau d'animal tacheté. Les produits qu'ils apportent sont, outre l'encens, ceux qu'on connaît en Nubie*, des bouquetins, des léopards et des singes. Les Nubiens de Pount, réputés pour être de fameux danseurs, jouent en Égypte un rôle particulier dans les rites du culte au dieu Min ; ils participent aussi, à Soleb*, aux réjouissances de la fête Sed (jubilé) d'Aménophis III. CB

Pygmée

Les égyptologues ont longtemps cru que ce fut seulement à partir de la XVIIIe dynastie que les pharaons entrèrent en contact avec les peuples noirs, au sens où nous entendons ce terme,

c'est-à-dire avec des populations partageant les traits ethniques des actuels habitants du Tchad, du Niger, voire du bassin du Congo. On trouve ainsi représentés sur les bas-reliefs du temple* d'Hatchepsout, à Deir el-Bahari (vers 1 480 av. J.-C.), les habitants du « pays de Pount* », au faciès fortement différencié.
Cependant, à Assouan, un récit gravé sur les parois de la tombe d'un explorateur égyptien du nom d'Herkhouf atteste, dès la fin de la VIe dynastie (v. 2 300 av. J.-C.), la présence de « Pygmées » à la cour des pharaons de l'Ancien Empire. Justement célèbre, le texte relate le retour de ce gouverneur d'Éléphantine ramenant de son périple dans les terres du Sud un « nain » de Haute-Nubie*, attendu avec impatience par le tout jeune pharaon Pépi II.
Au-delà de cette anecdote, c'est tout le problème des rapports de l'Égypte* avec le monde africain* lointain qui se pose. Actuellement concentrés dans la grande forêt équatoriale, les Pygmées occupaient-ils, au IIIe millénaire, des régions plus septentrionales, vers le bassin du Nil* ? Quelle que soit la réponse, la silhouette de ces nains, fort prisés pour leur rôle de bouffon, séduira par son caractère exotique*, voire grotesque, les artistes de l'Égypte pharaonique, bien avant ceux de Grèce et de Rome*. BGS

Double page suivante : pyramide de Méroé, sépulture des princes de Koush.

« Tu dis que tu ramènes un nain danseur venu du Pays de l'Horizon [...] ; descends immédiatement à la résidence et amène le nain avec toi... Fais attention qu'il ne tombe pas à l'eau. »

Message du pharaon Pépi II à Herkhouf, v. 2 300 av. J.-C.

PYRAMIDE
Une forme réinventée

La pyramide est connue au pays de Koush* dès la disparition du royaume de Kerma* et la conquête égyptienne : dans les grands cimetières de Nubie*, comme Aniba ou Soleb*, les fonctionnaires* égyptiens ou les princes locaux se font enterrer sous de petites pyramides à la pente très accentuée.
Taharqa* rompt avec la tradition qui voulait que les souverains koushites reposent à El-Kurru. Il franchit le Nil* pour faire élever une pyramide, à l'égyptienne, à Nuri, face à la montagne* sainte (de même, le Nil sépare la nécropole royale du sanctuaire dynastique de Karnak). Jusqu'à ce que Napata* soit abandonnée pour Méroé*, les souverains utiliseront ce cimetière avec des rituels* funéraires proches de ceux d'Égypte*.
Sous l'Empire méroïtique et jusqu'au IVe siècle ap. J.-C., les pyramides retrouvent la silhouette très effilée du Nouvel Empire égyptien (on revient ensuite au tumulus*). Celles construites en pierre, dans les cimetières royaux de Méroé ou du Djébel Barkal, peuvent atteindre une trentaine de mètres de hauteur ; dans les métropoles provinciales, elles sont en briques crues et ne dépassent guère dix mètres. À leur sommet, est placé un pyramidion cylindrique ou une boule en grès surmontée d'un panache. L'ensemble était peint, souvent en rouge, parfois décoré d'étoiles. Au milieu de la face est, une chapelle abrite la stèle, la table d'offrandes et éventuellement une statue-*ba**. Sur les parois des chapelles royales sont sculptés, en longues scènes, funérailles et rituels. L'accès aux chapelles plus humbles était fréquemment décoré d'une déesse et Anubis (le dieu qui conduit le défunt dans l'autre monde) se faisant face et offrant la libation. Des éléments évoquent encore l'Égypte, mais de loin ! CB

Qasr Ibrim

La forteresse* de Qasr Ibrim, à 250 km au sud d'Assouan, a joué depuis le Ier millénaire av. J.-C. et jusqu'au récent XIXe siècle un rôle majeur dans la vie administrative, commerciale et religieuse de la Basse-Nubie*. Construite au sommet d'une haute falaise au bord du Nil*, elle émerge encore au-dessus du lac Nasser. L'aridité extrême de toute cette zone (avant la construction du Haut-Barrage) en a fait un extraordinaire conservatoire, tant des diverses archives de ce poste clef entre l'Égypte* et ses voisins du Sud, que des témoignages de la vie quotidienne des garnisons qui s'y sont succédé pendant 3 000 ans.

Après les armées de Taharqa*, la forteresse connaîtra celles des Égyptiens, des Romains, des Méroïtes*. Au Moyen Âge, Qasr Ibrim devient la résidence de l'éparque qui, pendant près de huit siècles, représente le roi chrétien* de Dongola* en Basse-Nubie et veille à l'application des modalités du traité* de paix signé avec le gouverneur musulman de l'Égypte : la correspondance conservée est en grec, en vieux nubien, en copte et en arabe.

Lorsque les Ottomans, derniers occupants, abandonnent Qasr Ibrim en 1812, les vieilles étoffes méroïtiques et chrétiennes, récupérées sur place, servaient depuis longtemps à rembourrer les coussins ou les selles ! Depuis 1960, une mission britannique dégage la place forte, fonds documentaire d'une incroyable richesse, tant pour l'étude des langues et des écritures* utilisées pendant 3 000 ans dans la région, que pour l'histoire de la Nubie et des pays voisins. CB

Ramsès II

En Nubie*, Ramsès II aura été avant tout un grand constructeur. Il a en effet fait édifier sept temples*, tous des hémi-spéos à demi creusés dans le sol, dont les salles s'enfoncent dans la falaise. Le plus fameux, Abu Simbel, est même entièrement creusé dans une colline dédiée à

Karl Richard Lepsius, *Vue intérieure du grand temple d'Abu Simbel ensablé.* Lithographie extraite de *Denkmäler aus Aegypten und Aethiopien*, 1849-1859.

Torse d'une statue de Ramsès II, XIXe dynastie, v. 1250 av. J.-C. Grès, 68 × 48,2 × 37,8. Munich, Staatliche Sammlung Ägyptischer Kunst.

Hathor*. Appelé « la maison de Ramsès aimé d'Amon », on y vénère Pharaon tel un dieu, comme, un siècle auparavant, Aménophis III* à Soleb*.
Le temple s'enfonce à plus de 60 m dans la falaise de la rive ouest du Nil*. Appuyés à la façade, haute de 30 m, quatre colosses assis encadrent la porte qui ouvre sur une première salle soutenue par huit colosses. Puis viennent une seconde salle, un vestibule et le sanctuaire proprement dit, où quatre dieux, Ptah, Amon, Ramsès et Rê-Horakhty, attendent que deux fois par an les rayons du soleil levant viennent les caresser. À 150 m au nord, un spéos beaucoup plus petit est consacré à la grande épouse de Ramsès II, Nefertari et à Hathor.
Réalisés en terre nubienne, les édifices de Ramsès II sont la manifestation concrète de la mainmise de l'Égypte* victorieuse sur la région et de sa consécration aux dieux des pharaons. Ils sont aussi probablement liés au désir d'atteindre le *noun*, l'eau primordiale à l'origine de toute vie : en surveillant les crues du fleuve, c'est sa fertilité qu'on cherchait à maîtriser.
Le sanctuaire d'Abu Simbel a suscité de tels exploits techniques pour être mis hors d'atteinte du lac Nasser qu'il est devenu un symbole de la campagne de l'U.N.E.S.C.O.* en Nubie. CB

RITUEL FUNÉRAIRE

Depuis le néolithique* jusqu'à l'époque chrétienne*, un Koushite* est habituellement inhumé dans une fosse individuelle, sur le flanc, fréquemment recroquevillé en position fœtale, les jambes pliées, les mains parfois devant le visage. Il peut reposer directement au fond de la fosse, le plus souvent ronde, ou, dès l'époque néolithique, être isolé du sol par une pièce de cuir, qui peut même l'envelopper.

À Kerma*, le corps du défunt était souvent placé entre deux peaux de bovidés, ou sur un lit funéraire, l'*angareb* : quatre pieds et un cadre de bois sur lequel sont tendues des lanières de peau entrecroisées (c'est encore le lit utilisé en Nubie*). L'armement du défunt l'accompagne, au moins l'anneau de pouce en pierre qui permet de bander l'arc. Des parures sont fréquentes, au cou, aux bras. Enfin des ustensiles, surtout en céramique*, sont placés près du corps ; la quantité de matériel enfermé à l'intérieur varie suivant l'époque et le statut social du défunt, de même qu'en surface, les dimensions du tertre ou du tumulus*. Des sacrifiés (quelquefois un animal) peuvent être enterrés avec un défunt principal.

Dès l'époque Kerma, une petite installation (parfois seulement un bol), à l'est de la sépulture, atteste que des libations étaient offertes ; à Kerma, des bucrânes déposés à la base des tumuli laissent penser qu'il pouvait parfois s'agir de vrais banquets.

La colonisation pharaonique interrompt ces usages avec l'apparition de la forme pyramidale, l'utilisation de cercueils et de rites égyptiens. Le cimetière de Mirgissa* présente, dès la fin du Moyen Empire, une colonie égyptienne bien implantée en Nubie. À Aniba et à Soleb*, des fonctionnaires* du Pharaon reçoivent une sépulture très voisine de celles du Nord, et des princes locaux adoptent les coutumes des vainqueurs. Tout cela reste toutefois limité, et le rite égyptien sera lentement adapté à la culture koushite. À l'est des pyramides* méroïtiques* (du moins dans le Nord), devait se trouver une petite chapelle, abritant une statue-*ba**, une stèle et une table d'offrandes. Les prières mentionnent l'eau et le pain, sous l'invocation d'Isis et d'Osiris. Pourtant un Égyptien visitant un cimetière méroïtique ne devait guère y reconnaître son univers ! CB

Sépulture d'un archer de l'antique Kerma, v. 2 200 av. J.-C.

Le dieu Anubis à tête de chacal. Montant de porte de chapelle. Sédeinga, période méroïtique. Grès, 88 × 29 × 14. Khartoum, Musée national.

Roi fondateur

L'effondrement et le morcellement de l'Égypte, au début du Ier millénaire, conduit à l'abandon des territoires conquis au Nouvel Empire et coupe le pays de Koush des influences du Nord. Le silence s'était fait sur la Nubie*, quand, vers 730 Piye (Piankhy) surgit des environs de Napata* à la tête d'une puissante armée et avance triomphalement à travers l'Égypte* jusqu'au delta. Dévot d'Amon – le dieu de Thèbes mais aussi le maître de la montagne* sainte du Djébel Barkal –, le pieux Piye rentre rapidement à Napata où il fait graver un grand texte précisant ses exploits. Il construit au pied du Djébel Barkal un temple* qu'il pare de statues de lions* et de béliers* prises à Soleb*. Il se fait bâtir une pyramide* dans le cimetière de ses ancêtres, les tombes de ses épouses à proximité (ses chevaux seront enterrés debout, à côté).

Il reviendra à son successeur, Chabaka, de prendre le contrôle effectif de l'Égypte et de fonder la XXVe dynastie, dite « éthiopienne ». S'appuyant sur les valeurs les plus traditionnelles, retournant de façon systématique aux sources égyptiennes anciennes, on entreprend la copie sur pierre des vieux papyrus religieux. L'Ancien Empire sert de référence à l'art de l'époque, qui connaît avec les Koushites une renaissance.

Étonnant paradoxe que ces Africains* occupant le trône des pharaons. Affirmant leur particularité et leurs origines, ils portent sur le front deux *uræi* symbolisant la double royauté, celle de Koush* et celle d'Égypte. CB

Prêtres au teint foncé célébrant le culte d'Isis. Fresque provenant d'Herculanum. Naples, Musée national.

ROME : ENTRE MÉFIANCE ET FASCINATION

À l'issue de troubles graves, un traité* est signé en 21-20 av. J.-C. entre Méroé* et Rome. Une garnison romaine est installée à Qasr* Ibrim, mais il est bien difficile de préciser jusqu'où s'étend la domination impériale, sans doute seulement sur la Dodécaschène*, et dans les mêmes conditions qu'à l'époque ptolémaïque. De nombreux objets romains ou méditerranéens parviennent alors jusqu'à la cour des candaces* qui connaît un âge d'or. Pourtant, dans son testament, Auguste conseille de se méfier des Méroïtes. Ses successeurs chercheront cependant à mieux connaître : des envoyés de Rome parviendront jusqu'à Méroé ; Néron enverra vers les sources du Nil* une expédition (des espions ?) qui aurait atteint d'immenses marais ; Sénèque et Pline rassembleront, dans un souci scientifique, les observations zoologiques et botaniques glanées à cette occasion. Si les échanges entre le monde romain et Méroé

Sai, vue générale du secteur sud de la ville pharaonique après la fouille.

Sai

Sai est une grande île fertile en même temps qu'une position clef sur le Nil*, en amont de la IIe cataracte. Milieu protégé par excellence, elle a gardé bien des vestiges des diverses phases de son occupation qui remonte aux plus hautes époques. Il y a une quarantaine d'années, sous l'impulsion de Jean Vercoutter, une mission française en a entrepris l'étude. La fouille de l'impressionnant cimetière d'époque Kerma*, groupant plusieurs milliers de tumuli*, atteste que l'île était sans doute alors le centre d'une principauté contrôlant les régions au nord, jusqu'à Semna, où était fixée la frontière avec l'Égypte*. Lors de l'avancée des armées pharaoniques, à la XVIIIe dynastie, Sai est occupée et devient une base égyptienne : une ville* avec un temple* est construite ; deux nécropoles abritent les tombes des fonctionnaires*.

De grands cimetières des époques napatéenne* et méroï-

L'empereur Auguste. Méroé, 25-20 av. J.-C. Bronze. Londres, British Museum.

sont certains, attestés notamment par des amphores* et un riche matériel, en revanche très peu de monnaies romaines sont parvenues jusqu'en Nubie*.

Pour un Romain instruit de littérature* classique, la lointaine Éthiopie* est avant tout le pays du soleil et des dieux. La vogue des cultes isiaques à travers la Méditerranée en fera un domaine privilégié d'Isis (Juvénal se moquera d'une prêtresse de la déesse prête à se rendre jusqu'à Méroé pour y puiser l'eau sainte nécessaire au culte dans le sanctuaire du Champ de Mars). Le désir d'exotisme* explique le succès des scènes nilotiques où les prêtres sont fréquemment figurés comme des « Éthiopiens » à la peau sombre, ou celui des vases, des balsamaires, des statuettes à l'image de Noirs. Loin de refléter une connaissance précise de la Nubie ou du haut Nil, ces objets relèvent davantage du domaine du mythe. CB

tique* ont été repérés, parfois recouverts par les tumuli du groupe X (ou plutôt post-méroïtiques). Plus tard, Sai devient un évêché chrétien* : des colonnes en granit, encore en place, indiquent l'emplacement d'une église, peut-être la cathédrale, qui n'a pas encore été fouillée. On connaît mal son passage à l'Islam* mais, comme Qasr* Ibrim, l'île fut occupée par les Ottomans qui établirent un fort sur la ville ancienne. Chaque campagne archéologique dans ce conservatoire étonnant livre des documents majeurs. La richesse de l'île est immense, mais il faut faire vite, car des projets d'irrigation, déjà bien avancés, pourraient en détruire rapidement l'essentiel. CB

Scarification et tatouage

De nos jours encore en Nubie*, il n'est pas rare de rencontrer des hommes ou des femmes portant sur le visage des marques très particulières : trois petits traits parallèles incisés sur les tempes ou en haut des joues ; on les appelle familièrement les « 111 ». Ces scarifications sont attestées dès l'Antiquité, en particulier à l'époque méroïtique*, sur la face de statues-*ba** et même sur un sarcophage anthropoïde.
On a voulu en rapprocher une ligne, également incisée, qui barre fréquemment le front des statues-*ba*, juste au-dessous de la chevelure. Mais cette dernière marque serait plutôt à mettre en rapport avec le croissant que portent, sur le haut du visage, des silènes ou des satyres figurés de face sur nombre de poteries nubiennes. Peut-on évoquer alors une interprétation locale de la tiare de Dionysos qu'auraient pu adopter les initiés aux cultes bachiques ?
Les conditions climatiques exceptionnelles ont quelquefois permis aux corps humains de se conserver de façon remarquable, en se desséchant (il ne semble pas que la momification ait été pratiquée à l'époque méroïtique). À Aksha, en Nubie, on a ainsi pu remarquer des tatouages sur des visages de personnes des deux sexes, ainsi que sur l'abdomen, les hanches et les cuisses des femmes. La couleur des motifs en pointillé varie du bleu au noir (peut-être une altération du bleu). Ils évoquent une tradition très ancienne, déjà pratiquée, en particulier en Nubie, sur des figurines d'argile du groupe C. CB

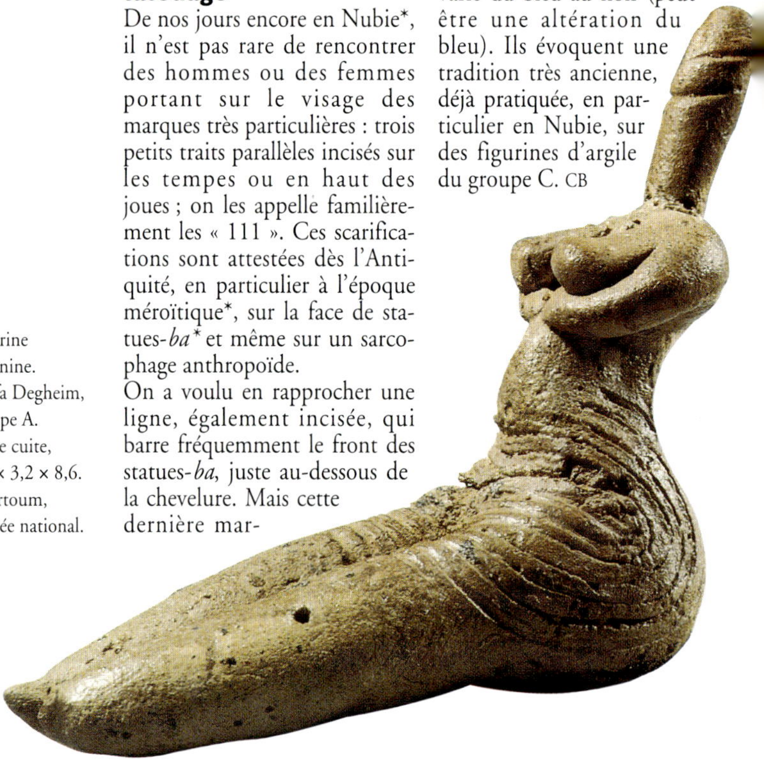

Figurine féminine. Halfa Degheim, groupe A. Terre cuite, 8,4 × 3,2 × 8,6. Khartoum, Musée national.

Sédeinga

À une quinzaine de kilomètres au nord de Soleb*, à Sédeinga, un petit temple* est consacré à Tiy, grande épouse d'Aménophis III*. Pourquoi en ce lieu ? Certains ont évoqué une origine nubienne de la reine, sans raisons valables. L'endroit semble n'avoir abrité qu'une petite communauté, dont on suit les traces depuis le néolithique* à travers des tumuli* disséminés vers l'ouest. Hormis le temple, la colonisation égyptienne n'a pas laissé d'autre vestige apparent sur le site.

À l'époque napatéenne*, en revanche, Sédeinga se développe et devient le chef-lieu d'une province frontière*. Le cimetière compte alors plus de quatre cents pyramides* en briques crues, malheureusement pillées dès l'Antiquité. Les fondations d'une petite église ont également été repérées. Où se trouvaient les sanctuaires d'Isis et d'Horus, évoqués par les textes des premiers siècles de notre ère ? Peut-être dans le temple, dont le nom pharaonique, Hout-Tiy (« la demeure de Tiy »), a subsisté sous la forme d'Adeye, encore utilisée récemment.

À mi-chemin entre Soleb et Sédeinga, au Djébel Dosha, un temple a été creusé dans le sol, au bord du Nil* : affirmation de l'emprise des pharaons sur la Nubie*, quête vers l'eau primordiale, sanctuaire en rapport avec la crue assurant à l'Égypte* la prospérité ? Le programme développé à Abu Simbel, un siècle plus tard, est déjà en place : pour l'éternité sont associés les cultes du roi Aménophis III et de la reine Tiy, témoignage étonnant de la force d'un Empire mariant toujours avec tant de maîtrise élégance et puissance. CB

Temple de la reine Tiy, Sédeinga, 1391-1354 av. J.-C.

SOLEB

Le temple* de Soleb est situé à près de 500 km au sud d'Assouan, entre la IIe et la IIIe cataracte, sur la rive gauche du Nil*. Il a été construit par Amenhotep, fils de Hapou, l'architecte de Louxor, pour commémorer le jubilé d'Aménophis III* : la fête Sed. Resté très longtemps à l'écart, quasi inaccessible, il a fallu attendre 1957 pour qu'une mission italo-française, conduite par Michela Schiff-Giorgini, vienne y travailler.

Malgré l'utilisation d'un mauvais grès nubien, les vestiges de Soleb témoignent toujours de l'une des plus belles périodes de l'art pharaonique. Le plan du temple est classique. Sur les parois de la première cour à colonnes, les figurations de la fête Sed restent bien mystérieuses ; au revers du pylône, on suit le roi qui « frappe les portes » d'une grande enceinte, évoquant sans doute une étape de la construction du temple ; tout au long, il est accompagné par son architecte, hommage remarquable au talent exceptionnel de cet homme plus tard déifié.

Une « liste des pays étrangers » figure dans la salle hypostyle. À la base des colonnes, des écussons crénelés renferment le nom de peuples « envoûtés ». Au-dessus, des bustes aux bras ligotés en arrière ont des visages finement individualisés : les pays d'Asie, au nord, font face à ceux d'Afrique*, au sud de l'axe du temple. Plutôt qu'un tableau réel du monde de l'époque, il s'agit d'une sorte d'inventaire de domination magique.

Dans l'Antiquité, plusieurs des sculptures qui ornaient ce temple ont été transportées jusqu'au Djébel Barkal, notamment les deux superbes lions* en granit rouge, aujourd'hui au British Museum, ou les béliers* encore en place à l'avant du temple du roi* Piye.

Si le temple de Soleb est dédié à Amon, le Pharaon y adore aussi sa propre « image vivante » : une corne

Vue du temple de Soleb, sur la rive gauche du Nil, entre la IIe et la IIIe cataracte.

de bélier autour de l'oreille, il est alors coiffé d'un croissant et d'un disque, à la manière d'un Khonsou, le dieu-enfant. Il apparait également ainsi à Sédeinga*, où un petit temple était consacré à son épouse Tiy.

Des détails suggèrent la montée d'une théologie solaire, qui triomphera au règne suivant, avec Aménophis IV. « Roi-Soleil », Aménophis III affirme en territoire conquis le pouvoir cosmique du Pharaon, et l'« ordre » égyptien face au « chaos » des pays étrangers ou des mauvaises crues du Nil. CB

Statue de la Divine Adoratrice Chépénoupet II. Karnak, XXVe dynastie, 670-660 av. J.-C. Granit noir, 46,5 × 82. Berlin, Ägyptisches Museum und Papyrussammlung.

Souveraineté

Jusqu'à la XXVe dynastie, il est difficile de cerner le pouvoir koushite. Nous ne connaissons encore que très mal le royaume de Kerma*, qui n'a laissé aucun écrit, et les rares textes égyptiens mentionnant le pays de Koush* sont trop orientés pour que leur message puisse être instructif. Quand, à la suite du raid victorieux mené par le roi* Piye jusque dans le delta, ses successeurs s'installent sur le trône d'Égypte*, ils semblent y avoir adopté les coutumes et les traditions des pharaons. Ils restent cependant conscients d'exercer leur pouvoir sur deux contrées différentes, ce qu'ils symbolisent par les deux *uræi* qui ornent leur front. Ils se font volontiers représenter, jusque dans le sanctuaire dynastique de Karnak, avec leur coiffure traditionnelle, le petit bonnet serré aux tempes. Ils imposent en Égypte le mode de succession koushite, suivant lequel l'homme le plus âgé du clan succède au défunt, système de transmission du pouvoir encore attesté en Nubie*, à l'époque chrétienne*.

Pour gouverner leur immense Empire, les rois koushites s'appuient sur l'institution des « divines adoratrices d'Amon », à Thèbes : des princesses royales, proches du roi, gèrent en son nom au moins la région de Thèbes ; leur pouvoir est considérable et atteste du rôle important joué par les femmes dans la vie koushite. Société matriarcale ? La reine Abalé, mère de Taharqa*, est très présente auprès de son fils. Plus tard, les reines méroïtiques*, les candaces*, iront même jusqu'à conduire les armées, si l'on en croit Strabon et les scènes figurées dans les chapelles de leurs pyramides*. CB

Têtes de statues-*ba*. Aniba, période méroïtique, IIe-IIIe siècle ap. J.-C. En haut : grès peint, 17,4 × 10,8 × 12,9 et grès 15,7 × 10,3 × 13,4. En bas : grès peint, 17 × 10,1 × 11,8 et grès stuqué, 15,3 × 8,3 × 13,3. Philadelphie, University of Pennsylvania, Museum of Archaeology and Anthropology.

Statue-ba

Dans les rituels* de l'au-delà égyptien, l'oiseau-*ba* symbolise l'âme sous forme d'un oiseau à tête humaine voletant au-dessus du corps dont il s'est échappé. La statue-*ba*, une des pièces du mobilier funéraire décorant fréquemment les pyramides* méroïtiques, spécialement en Nubie*, s'en inspire sans doute. Elle représente le défunt avec une paire d'ailes croisées sur son dos et tombant jusqu'à terre.

Debout, les pieds joints, chaussés parfois de sandales, l'homme (ou quelquefois la femme) laisse tomber ses bras le long du corps ou tient ramenés sur sa poitrine les insignes de ses fonctions. Sur la tête, un disque

plat était souvent fixé par un tenon. Ces statues en grès – d'un mètre de haut au maximum – étaient sans doute à l'origine peintes de couleurs vives, qui contrastaient avec l'enduit rouge qui recouvrait les pyramides.
Un cimetière comme celui de Karanog, en Nubie, a livré une série de ces statues. Comme les épitaphes sur la stèle et la table d'offrandes, qui se plaisent à rappeler les liens du défunt avec les personnalités du temps, la richesse éventuelle des vêtements, des parures et des insignes permet d'imaginer son statut social. On ne peut guère parler de portrait* devant ces visages simplifiés jusqu'à la stylisation*. Certaines statues (Le Caire, Musée égyptien) pourtant, comme celle de Maloton, fonctionnaire* de l'Empire méroïtique en Basse-Nubie (au IIIe siècle), nous aident à nous représenter princes nubiens et notables des métropoles provinciales de l'empire de Méroé*. CB

Stylisation

Dès l'époque néolithique*, les populations de Nubie* ont fait preuve d'un étonnant sens de la stylisation : lorsqu'ils façonnaient, par exemple, telle idole en pierre, retrouvée dans une tombe à Kadruka, ou encore les figurines féminines en terre cuite, déposées dans les sépultures, à Kadada. Cette tradition se poursuit à l'époque du groupe C où de petites statuettes présentent des têtes au modelé d'une finesse exceptionnelle. Les gravures* rupestres elles aussi esquissent, avec une grande variété de techniques, des silhouettes animales ou humaines très vivantes. En poterie, les artistes de Kerma* réussissent à évoquer, avec des moyens très limités, autruches (voir Bestiaire) et bovidés.
Il s'avère difficile de reconnaître, dans les nombreuses têtes de statues-*ba** nubiennes, de véritables portraits* des défunts. Voilà pourtant une étonnante galerie humaine, à laquelle il est possible de joindre d'autres pièces de sculpture, comme une tête d'Argin en grès, par exemple, dont la beauté et la puissance, exprimées par les moyens les plus simples, attestent l'œuvre d'un artiste éminent.
La décoration des poteries méroïtiques montre également l'étonnante créativité des Méroïtes*, qui d'un simple trait de couleur donnent vie à des figurations animales ou humaines. La fleur de lotus stylisée ou les pampres de vigne seront peints pendant des siècles sur les céramiques*, tandis que des silhouettes de bovidés ou d'autruches pourront être également gravées en petits pointillés sur des bols ou des vases au décor plus africain*. CB

Tête masculine. Argin, période méroïtique, IIe-IIIe siècle ap. J.-C. Grès peint, 26,7 × 15,2 18,4. Khartoum, Musée national.

Troisième souverain de la XXVe dynastie d'Égypte*, originaire de Napata*, Taharqa règne de 690 à 664 av. J.-C. sur un pays immense et unifié, depuis le confluent des deux Nils* jusqu'au delta. Il s'appuie pour gouverner sur l'institution des « divines adoratrices d'Amon », installée à Thèbes. On lui doit l'organisation administrative à l'égyptienne de la Nubie*, découpée alors en *nomes*.

Les traits du roi nous sont bien connus, tant par les bas-reliefs que par de nombreuses statues d'excellente qualité, ou encore par de petits bronzes* : en pharaon égyptien, coiffé des couronnes traditionnelles, ou en Koushite, avec le bonnet serré, il porte au front les deux *uræi* symbolisant la double souveraineté* sur l'Égypte et le pays de Koush*. La tête au crâne rond, le menton court et carré, la bouche large évoquent force

Groupe du Pharaon Taharqa offrant les vases de vin au faucon Hemen, v. 680 av. J.-C. Bronze, 19 × 26. Paris, Louvre.

et puissance. Très pieux comme ses prédécesseurs, il restaure et construit de nombreux édifices tout au long du Nil : à Karnak, il fait élever des portiques aux quatre points cardinaux ; auprès du lac, un édifice est sans doute en rapport avec la crue vivifiante. On lui doit également des chapelles dédiées à Osiris « maître de la vie », « celui qui écoute l'affligé », culte destiné à se développer par la suite.

Les constructions de Taharqa sont aussi très nombreuses au pays de Koush. Dans la montagne* sainte du Djébel Barkal, il creuse un *Typhonium*, « temple* de la naissance », décoré de colonnes hathoriques (voir Hathor) et de statues de Bès. Sur une haute aiguille, qui se détache à l'avant de la falaise, une inscription à son nom, recouverte de feuilles d'or*, rappelait l'importance d'Amon de Napata. En face du Djébel Barkal, à Nuri, Taharqa se fait élever une pyramide*. Plus au nord, à Kawa, il fonde un sanctuaire à Amon (les stèles retrouvées constituent de précieux documents sur l'époque). Il fait également œuvre de bâtisseur à Sanam, à Tabo, à Sédeinga* et à bien des endroits de la Basse-Nubie.

En dehors de l'administrateur et du constructeur, Taharqa a laissé aussi le souvenir d'un grand guerrier. La Bible mentionne la crainte que causaient ses soldats en lutte contre les Assyriens, dont l'armée fut décimée sans doute par une invasion de rats dévorant le cuir des carquois et des armes ; cette prolifération de rats pourrait traduire une épidémie* de peste, à laquelle Jérusalem et Taharqa durent leur salut. Strabon cite Taharqa parmi les grands conquérants de l'Antiquité. JL

Temple

Des figurines anthropomorphes, découvertes dans des tombes, attestent de croyances religieuses au pays de Koush* dès l'époque néolithique* ; mais elles restent impossibles à bien cerner. Les sanctuaires de Kerma* sont également bien difficiles à interpréter. La masse de la grande *deffufa,* au cœur de la ville*, semble vouloir reproduire la silhouette d'un temple pharaonique, comme si on avait voulu ainsi s'en approprier localement les vertus. Plus tard, les pharaons élèveront, entre les Ire et IVe cataractes, des sanctuaires tout à fait classiques à la gloire des dieux égyptiens, garants de leur pouvoir et du bon ordre du monde. L'époque de Napata* perpétuera cette tradition, témoignant à Amon une piété particulière.

Les temples méroïtiques* dédiés à Amon répondent à un plan égyptien classique : derrière le pylône, se succèdent en enfilade une cour, une salle hypostyle, et enfin les sanctuaires ; l'unité de mesure utilisée semble être la coudée égyptienne traditionnelle. En revanche, les sanctuaires d'Apedemak*, au plan plus simple, ne comprenaient généralement qu'une salle à colonnes à laquelle on accédait par un pylône, et ils sembleraient basés sur la métrique grecque.

Sur les murs des sanctuaires tant d'Amon que d'Apedemak, les reliefs figurent les souverains constructeurs rendant hommage à la divinité à la tête du panthéon koushite. Si, dans l'état actuel de nos connaissances, Apedemak ne semble guère vénéré au nord de la IIIe cataracte, Amon, le protecteur de la dynastie, est omniprésent dans le royaume de Koush. CB

Traité de paix

La situation entre le royaume de Koush* et l'Égypte fut très souvent instable, une suite d'escarmouches pouvant conduire jusqu'à la guerre. Chaque fois que le pouvoir s'affaiblit en Égypte, le royaume de Koush fomente des troubles dans les confins égyptiens, se livrant au pillage, entraînant ou soutenant souvent la région de Thèbes dans la fronde, parfois jusqu'à la sécession. Les Lagides semblent être parvenus à un *modus vivendi* avec les Koushites ; c'est l'époque d'Ergamène*, le roi philhellène, et d'une sorte de cogestion égypto-nubienne de la Dodécaschène*.

À l'époque romaine, les raids koushites se multiplient à nouveau. En 23 av. J.-C., Assouan est attaquée par les Méroïtes. Les armées romaines ripostent ; elles atteignent Napata*, qu'elles mettent à sac. Une ambassade méroïte se rend à Samos pour rencontrer l'empereur Auguste. Assurant pour trois siècles paix et prospérité à la région, un traité est conclu, à égalité, semble-t-il, entre Méroé* et Rome*.

Dans un salle du temple d'Isis* à Philae*, sont représentées, dans un style très naïf deux files de personnages tenant à la main un rameau stylisé. Ils ont été envoyés par le roi de Méroé, Teqorideamani (246-266 ap. J.-C.), en ambassade auprès de Rome – Philae est en territoire romain. S'agit-il d'une contestation à propos de la cogestion de la Dodécaschène ? Un peu plus tard, Dioclétien reportera la frontière* romaine plus au nord, à Assouan.

Un autre traité, le *Baqt*, assurera pendant des siècles la paix entre l'Égypte, devenue musulmane, et les royaumes chrétiens* de Nubie*. Il sera assorti de clauses économiques attestant des échanges réciproques. Quand, au IXe siècle, le fils du roi de Nubie gagne Bagdad pour négocier de nouvelles clauses, il n'est pas reçu en vassal, mais en envoyé d'un royaume indépendant et respecté. CB

Trésor d'Amanishakhéto

Partagé entre les musées de Munich et de Berlin, le « trésor de Méroé » a été découvert en 1834 dans la pyramide* d'Amanishakhéto par un aventurier italien, G. Ferlini. Engagé comme médecin dans les armées de Méhémet-Ali, il avait vécu quelque temps à Khartoum* et obtenu des autorités le droit d'explorer les sites archéologiques avant de rentrer en Europe. Après quelques tentatives infructueuses, il s'attaque à l'une des grandes pyramides royales de Méroé*, qu'il entreprend de démolir. Près du sommet, dans le massif même du monument, il met au jour une petite cache contenant un trésor : les bijoux d'une Candace* du Ier siècle av. J.-C.

Des paires de bracelets en or*, incrustés de motifs en pâte de verre* et d'émaux cloisonnés, montrent des figures féminines à quatre ailes et quatre bras, évoquant les Indes. Une quantité de bagues, en or, en argent, aux chatons d'agate ou de cornaline, sont des sceaux aux motifs essentiellement religieux (dont la reine face à Amon, dans des scènes de théogamie). Une série de parures frontales est très particulière aux souverains méroïtiques. Des éléments de collier, des perles de toutes sortes, des amulettes appartenaient également à ce trésor que contenait une coupe en bronze*. De retour en Italie, Ferlini aura grand mal à vendre ces pièces, somptueuses mais au luxe étrange, et considérées alors comme des faux. Le roi Louis Ier de Bavière en acquiert une partie, avant que K. R. Lepsius*, après avoir eu confirmation des conditions de la découverte à Méroé, n'achète le reste des bijoux pour le compte de la Prusse. CB

Statue du dieu Amon. Djébel Barkal, période méroïtique, IIIe-Ier siècle av. J.-C. Granit, 60 × 15,7 × 20,5. Khartoum, Musée national.

Bracelet. Méroé, pyramide d'Amanishakhéto, Ier siècle av. J.-C. Or et pâte de verre coloriée, 4,6 × 8,5. Munich, Staatliche Sammlung Ägyptischer Kunst.

Tribut nubien

Les échanges commerciaux dans la vallée du Nil*, entre la Nubie* et l'Égypte*, remontent à la préhistoire. En fait, l'économie pastorale de la Nubie, aux riches troupeaux de bovidés et d'ovins, et celle, plus agricole, de l'Égypte ont toujours été complémentaires. Les représentations du « tribut nubien » dans l'Égypte de la XVIIIe dynastie nous livrent certes des scènes pittoresques, où défilent toutes les richesses du monde africain* ; mais il faut sans doute savoir décrypter le langage conventionnel d'un pays se posant en vainqueur de ses voisins. Ces derniers, ne disposant

Statuette du dieu Sébiouméker. Kawa, période méroïtique, IIIe-Ier siècle av. J.-C. Bronze, 19,9 × 5,2 × 5,9. Khartoum, Musée national.

La procession du « tribut nubien ». Fresque de la tombe du vice-roi Houy, Thèbes, XVIIIe dynastie.

Transfert du temple d'Abu Simbel, 1964-1968 .

pas d'écriture*, n'ont guère pu rectifier pour la postérité des messages trop orientés. Les produits du tribut soi-disant imposé par l'Égypte à la Nubie seront quasiment toujours les mêmes au fil du temps : l'or*, l'ivoire, du bois comme l'ébène, des peaux de panthères, des plumes et des œufs d'autruches (voir Bestiaire), des animaux du Sud comme les singes et les girafes*, mais aussi des troupeaux de bovidés et surtout de la main-d'œuvre qu'on engagera volontiers dans les armées de Pharaon.

Le *Baqt* (du latin *pactum*), signé entre l'Égypte musulmane et les royaumes chrétiens* de Nubie, procure chaque année quatre cents esclaves à l'Égypte. En échange, la Nubie reçoit notamment des céréales et du vin* ! En fait de tribut, il s'agit plutôt d'un traité* de paix, qui assure pendant des siècles la bonne entente entre les marchands musulmans du Nord et les habitants de Nubie, en précisant leurs échanges commerciaux. CB

Tumulus

Même si la pyramide* est connue pendant environ un millénaire au pays de Koush*, le tertre ou tumulus y reste la forme habituelle de sépulture, et cela depuis le néolithique* jusqu'à l'époque chrétienne*. Les dimensions des tombes varient considérablement selon les époques et l'importance du défunt. Certains tumuli recouvrent un seul corps. D'autres, comme à l'époque Kerma* classique, atteignent une centaine de mètres de diamètre et peuvent rassembler, auprès d'un personnage royal, jusqu'à trois cents personnes sacrifiées, ensevelies avec du matériel funéraire. En surface, le tumulus est marqué par des anneaux en pierre noire, remplis de petits cailloux blancs. Parfois, au pied du tertre, sont alignés les bucrânes des troupeaux abattus pour les funérailles.

Des centaines de milliers de tumuli ont été recensés entre les Ve et VIe cataractes. Deux viennent d'être fouillés à El-

Hobagi : mesurant une quarantaine de mètres de diamètre, entourés d'une enceinte en terre, ils recouvraient la sépulture des derniers rois méroïtiques* (IVe-Ve siècles).
Ces derniers ont été enterrés avec leurs armes, les chiens et les chevaux qui avaient participé à leur gloire sur terre. Une série de récipients en bronze*, en très mauvais état, récupérés à l'intérieur, ont dûs être utilisés pour la liturgie funéraire ; ils portaient encore la trace des linges dont on les avait enveloppés après leur consécration. Leur restauration patiente a révélé des décorations gravées, dionysiaques, en liaison de toute évidence avec les cérémonies funéraires. CB

Tumuli de Sai.

U.N.E.S.C.O. : LE MONDE SE MOBILISE

Le 8 mars 1960, suite au projet du barrage de Gamal Abd el-Nasser en amont immédiat d'Assouan, le directeur général de l'U.N.E.S.C.O., Vittorino Veronese, lançait un appel à la solidarité mondiale pour sauver le patrimoine de la Nubie*. Largement diffusé par les médias, le message fut bien reçu et un projet fut élaboré, soutenu par des personnalités éminentes comme André Malraux ou René Maheu.
Très vite, des équipes du monde entier se sont mobilisées avec enthousiasme pour étudier et sauver tout ce qui pouvait l'être. Les expéditions internationales ont multiplié les reconnaissances (*surveys*) et les fouilles archéologiques sur près de 500 km en Égypte* et au Soudan (entre les Ire et IIe cataractes), de part et d'autre du Nil*, parfois jusqu'à 50 km des berges, dans une région au climat rigoureux et particulièrement difficile d'accès. Elles regroupaient des savants d'horizons scientifiques les plus divers – paléontologues, préhistoriens, égyptologues, coptologues, islamologues, architectes, restaurateurs, techniciens… – , qui tous avaient conscience de participer à une œuvre exceptionnelle. Trente-cinq ans plus tard, les acquis scientifiques sont considérables, occultés sans doute, dans l'esprit du grand public, par les opérations phares d'Abu Simbel et de Philae*, dont les monuments ont été démontés et reconstruits à l'abri des eaux au prix d'exploits techniques. Souhaitons que les Nubiens, transplantés près de Kom Ombo, de New Halfa, ou dans la zone très lointaine de Khasm el-Girba (près de Kassala, à la frontière éthiopienne), parviennent à sauver leur langue, à conserver leurs traditions et cultures, et à reconstituer leurs jolis villages aux maisons en terre crue. CB

VERRERIE

À la frontière du monde hellénistique et romain, le royaume de Koush* s'est développé dans la mouvance du monde méditerranéen, dont de nombreux produits participaient au luxe de sa Cour. Les verreries retrouvées le long du Nil* évoquent les productions de la Méditerranée ou de l'Empire romain.

La mode des petites fioles à col allongé a atteint la Nubie* aux premiers siècles de notre ère. Dans les sépultures, on trouve fréquemment des lacrymatoires ainsi que des petites bouteilles rondes, aux anses minuscules attachées au col, qui contenaient des huiles parfumées (comme celles qu'utilisaient les athlètes grecs). Des bouteilles foncées, au corps conique et au col très effilé, ont été retrouvées elles aussi en grand nombre ; certaines avaient conservé la paille qui les protégeait pendant le transport dans des coffrets en bois.

Dans la mesure où l'on n'a pas mis en évidence d'atelier de verriers au sud de l'Égypte*, il était normal de voir dans ce matériel, assez banal pour l'époque, des objets d'importation. Pourtant, un lot important de récipients en verre, de toutes formes et de différentes techniques, découvert dans une tombe (sans doute de la fin du IIIe siècle ap. J.-C.) à Sédeinga*, permet d'envisager la possibilité d'une production locale.

Parmi cet ensemble exceptionnel, se trouve une bouteille en verre brun violacé, réalisée sur le modèle d'une poterie méroïtique* très caractéris-

Flûtes. Sédeinga, période méroïtique, 250-300 ap. J.-C. Verre bleu, peint et doré, 20,1 × 6,2. Pise, musée de l'Ateneo.

À gauche : Flûte. Sédeinga, période méroïtique, 250-300 ap. J.-C. Verre bleu, peint et doré, 20,3 × 6,4. Khartoum, Musée national.

tique par sa couleur, sa forme et sa frise gravée à l'épaule. Deux superbes flûtes en verre bleu (conservées l'une à Khartoum, l'autre à Pise), décorées d'une scène osiriaque, présentent elles aussi des détails parfaitement koushites : la coiffure en grains de poivre des porteurs d'offrandes, le disque solaire au-dessus de leur tête qui rappelle celui des statues-*ba** ; l'inscription grecque « Bois et tu vivras », qui surmonte la scène, fait allusion à une libation de vin* partagée avec le défunt. Les analyses du verre et des pigments de la décoration peinte n'ont pas encore permis de résoudre la question de la provenance. Il est toutefois possible d'envisager l'existence, dans la vallée du Nil, en Syrie ou ailleurs, d'ateliers réalisant des verreries à la demande ou destinées à l'exportation, notamment vers le Soudan. CB

Huttes soudanaises.

Ville

À Kerma*, la capitale la plus ancienne que nous connaissions du royaume de Koush*, les fouilles récentes de l'Université de Genève ont révélé une agglomération au plan très élaboré, qui évoque étonnamment le signe hiéroglyphique de la ville : une enceinte grossièrement arrondie et percée par quatre ouvertures, aux points cardinaux. La cité est dominée en son centre par le quartier religieux et la *deffufa*. Au pied du monument, une vaste hutte, dont les trous de poteaux ont pu être mis en évidence, devait servir de salle d'audience. C'est là que convergeaient les axes principaux de l'agglomération. Celle-ci renfermait des palais et des bâtiments administratifs, des chapelles de culte dédiées aux plus fameux des défunts, et des maisons avec cour où étaient installés les silos et les réserves. Kerma a été comparée à de grandes villes sahéliennes édifiées en terre, comme Gao ou Tombouctou.

Récipient à couvercle imitant une hutte. Kerma, 1650-1570 av. J.-C. Terre cuite et peinte, 14,4 × 14,4. Khartoum, Musée national.

La conquête pharaonique s'accompagne en Nubie* de l'édification de villes à l'égyptienne, comme à Mirgissa* ou à Sai*. Après la colonisation de la région, au Nouvel Empire, jusqu'à la lointaine Napata* (qu'ils contribuent à développer), les pharaons vont matérialiser leur conquête par un réseau de constructions dont les vestiges nous laissent deviner la splendeur passée. L'étude de ces villes montre qu'à l'intérieur de fortifications rectangulaires, en terre crue, des bâtiments s'élevaient le long de rues à angles droits, selon un plan déterminé. Les villes napatéennes ou méroïtiques restent mal connues. Méroé* est en grande partie toujours inexplorée : un temple* d'Amon, à proximité des ateliers de métallurgie*, est séparé par un haut mur des palais royaux ; dans le quartier résidentiel, des « bains » peuvent avoir été en rapport avec la crue du Nil*.

Vin

À l'époque pharaonique, le vin fait partie des offrandes présentées aux dieux. Les temples de Nubie* devaient donc en être approvisionnés, produisant peut-être localement ce qui leur était nécessaire. Ainsi, à Kawa, Taharqa* plante des vignes et construit des pressoirs qui fonctionnent encore dans les premiers siècles de notre ère. Plus tard, vignobles et installations viticoles abondent dans la Nubie médiévale. Cependant le vin demeurait sans doute un produit de luxe, la boisson ordinaire étant une bière à base de sorgho.

L'emploi du vin n'était pas réservé aux seuls temples et églises. Les chapelles royales méroïtiques* et le matériel funéraire (bronzes*, céramiques*) présentent des scènes bachiques où des satyres dansants puisent à la louche dans de grandes amphores*. Le vin, assimilé au sang d'Osiris, qui meurt et ressuscite comme Dionysos, était-il considéré comme un gage de vie éternelle ? Est-ce à des cultes à mystères, dont l'époque était friande, que se rattacheraient ces scènes dionysiaques ? Pampre, vigne et raisin appartiennent aux thèmes décoratifs favoris des Méroïtes*. Les amphores à vin retrouvées dans leurs tombes prouvent aussi que certains crus étaient plus appréciés que d'autres, et que les amateurs pouvaient s'approvisionner jusqu'en Afrique du Nord ou en Gaule, en Grèce ou encore dans des vignobles réputés des environs d'Alexandrie. Rien à voir assurément avec ce que l'on servait dans les tavernes des villes* de garnison, à Qasr* Ibrim ou à Sayala ! CB

Voyageur

Bien avant l'exploration archéologique de la Nubie* et du Soudan, notre connaissance de la région située en amont de Philae* reposait essentiellement sur les récits hauts en couleurs des premiers explorateurs (voir Littérature). Qu'ils fussent marchands, missionnaires ou simples curieux, ces derniers devaient braver une nature hostile, mais teintée d'exotisme* sous la plume des auteurs antiques. Demeuré malheureusement anonyme, un Vénitien du XVIe siècle remonte ainsi le Nil* jusqu'à Qasr* Ibrim ; sorte d'« apprenti archéologue », il est animé par les motifs les plus désintéressés.

Il faut attendre cependant le milieu du XVIIIe siècle pour que les Français fassent connaissance avec la Nubie, grâce au récit de l'explorateur Frédéric-Louis Norden. C'est précisément dans son *Voyage d'Égypte et de Nubie* que l'on rencontre bon nombre d'idées générales sur le peuple nubien, anecdotes qui émailleront par la suite maintes relations, y compris celles des savants qui ne s'aventurèrent pas au-delà de Philae ! Quant au premier Français à avoir pénétré en Nubie au siècle dernier, ce n'est autre que le capitaine François Barthou qui grava son nom sur les parois du temple* d'Amada, le 25 février 1813. Trois ans plus tard, en mars 1816, le Nantais Frédéric Cailliaud* et son protecteur, le chevalier Drovetti, franchissent à leur tour la IIe cataracte, bientôt suivis du Lorientais Maurice Linant de Bellefonds. L'émotion de la découverte passée, le voyage en Nubie change de caractère. Au premier émerveillement des explorateurs succède l'esprit méthodique des archéologues (voir Découvreur) : Champollion débarque à Wadi Halfa, en décembre 1828, la carte de Cailliaud en main ; Lepsius* mène de 1842 à 1845 une campagne réglée comme une horloge. C'est aussi le temps où Gustave Flaubert, découvrant les colosses d'Abu Simbel, consigne froidement dans son carnet : « Les temples égyptiens m'embêtent ! » (29 mars 1850). BGS

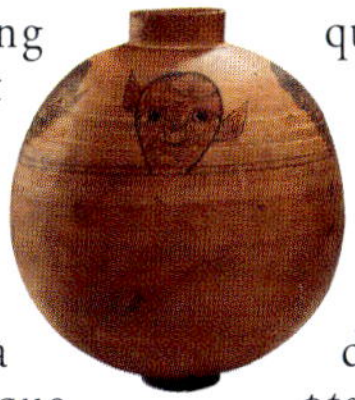

Jarres globulaires. Aniba, période méroïtique, Ier siècle av. J.-C.-IIIe siècle ap. J.-C. Terre cuite peinte, h. 22,5 et 23,5. Philadelphie, University of Pennsylvania, Museum of Archaeology and Anthropology.

3400-2800 av. J.-C. Néolithique final. Groupe A en Basse-Nubie.

v. 2700-2200 av. J.-C. Ancien Empire égyptien ; l'Égypte contrôle la Basse-Nubie.

v. 2300-1600 av. J.-C. Groupe C : peuplades pastorales installées en Basse-Nubie. Populations pré-Kerma en Haute-Nubie.

v. 2050-1650 av. J.-C. Moyen Empire égyptien. Construction par les Sésostris d'une suite de forteresses le long de la IIe cataracte pour protéger l'Égypte des incursions des peuplades du Sud.

v. 2500-1500 av. J.-C. Royaume de Kerma florissant en amont de la IIIe cataracte.

v. 1550-1070 av. J.-C. Nouvel Empire égyptien ; conquête et exploitation coloniale du pays de Koush par les Égyptiens.

v. 1550-1320 av. J.-C. XVIIIe dynastie égyptienne. Apogée artistique.

v. 1400-1370 av. J.-C. Aménophis III fait élever le temple jubilaire de Soleb entre les IIe et IIIe cataractes.

v. 747 av. J.-C. Piye, roi de Koush, part à la conquête de l'Égypte.

v. 713-663 av. J.-C. La XXVe dynastie, ou dynastie éthiopienne, règne sur la vallée du Nil, depuis le confluent des deux Nils jusqu'au delta.

v. 690 av. J.-C. Taharqa, troisième pharaon de la XXVe dynastie d'Égypte.

v. 664 av. J.-C. Tanoutamon, dernier pharaon de la XXVe dynastie d'Égypte, est vaincu par les Assyriens qui mettent Thèbes à sac en 663 av. J.-C.

v. 663-300 av. J.-C. Empire napatéen.

591 av. J.-C. Psammétique II engage les hostilités contre le pays de Koush. Les armées égyptiennes atteignent Napata qui est ravagée.

525-404 av. J.-C. Première domination perse sur l'Égypte.

v. 455-450 av. J.-C. Hérodote voyage en Égypte.

343-332 av. J.-C. Seconde domination perse sur l'Égypte.

335-315 av. J.-C. Nastasen règne sur l'Empire napatéen.

332 av. J.-C. Conquête de l'Égypte par Alexandre, L'Égypte devient macédonienne, puis lagide (ou ptolémaïque).

v. 300 av.-350 ap. J.-C. Empire méroïtique.

217 av. J.-C. Bataille de Raphia, où se seraient illustrés les éléphants d'origine asiatique des armées séleucides.

30 av. J.-C. L'Égypte devient romaine.

23 av. J.-C. Petronius met à sac Napata. Un traité est signé à Samos pendant l'hiver 21-20 av. J.-C. entre l'empereur Auguste et la Candace.

v. 60 ap. J.-C. Néron envoie deux centurions explorer les pays du haut Nil.

246-266 Teqorideamani règne sur l'Empire méroïtique.

298 L'empereur Dioclétien abandonne la Dodécaschène.

v. 350 Ezana, roi d'Axoum, parvient à la tête de son armée à Méroé qu'il trouve abandonnée.

384 Édit de Théodose. Fermeture des temples païens. L'Égypte devient chrétienne.

v. fin IVe-Ve siècle Groupe X, ou post-méroïtique, ou méroïtique post-pyramidal.

v. 550 Un moine byzantin entreprend la conversion de la Nubie.

639 L'Égypte devient musulmane.

641 Signature d'un traité entre le royaume chrétien de Nubie et l'Égypte islamisée.

fin XIVe siècle La Nubie est entièrement islamisée.

XVIe-début XIXe siècle Occupation ottomane en Nubie.

1820 Les armées de Méhémet-Ali, conduites par son fils Ibrahim Pacha, se lancent à la conquête du Soudan.

1826 Publication du *Voyage à Méroé* de Frédéric Cailliaud.

1834 Découverte du trésor d'Amanishakhéto à Méroé, par Giuseppe Ferlini.

1842-1845 Expédition prussienne dirigée par Karl Richard Lepsius.

1883-1898 Mahdiya : un prophète d'origine nubienne, le Mahdi, entraîne le Soudan dans une sécession. Le gouverneur anglais, Sir Gordon, est tué à Khartoum.

1898 Bataille d'Omdurman. Victoire des Anglais. Organisation d'un condominium anglo-égyptien sur le Soudan.

1902 Édification du premier barrage d'Assouan.

1907 Pierre Loti publie *La Mort de Philae.*

1907-1911 Première campagne archéologique (Reisner-Firth) entre Assouan et Wadi es-Séboua.

1909-1911 Déchiffrement de l'écriture méroïtique par F. Ll. Griffith.

1912 Premier rehaussement du barrage.

1929 Nouveau rehaussement du barrage d'Assouan.

1929-1934 Seconde campagne archéologique en Nubie (Emery-Kirwan).

1956 Proclamation de l'indépendance du Soudan. Appel de l'U.N.E.S.C.O. pour sauver les antiquités de Nubie. Réalisation du Grand-Barrage d'Assouan (Sadd el-Ali).

1972 Inauguration du Musée national de Khartoum.

BIBLIOGRAPHIE SÉLECTIVE

Anthony J. Arkell, *A History of the Sudan to 1821*, 2e éd., Londres, 1961.
Fritz et Ursula Hintze, *Les Civilisations du Soudan antique*, Paris, 1967.
Peter Shinnie, *Meroe, A Civilization of the Sudan*, Londres, 1967.
William Y. Adams, *Nubia, Corridor to Africa*, Princeton University Press, 1977.
Friedrich Hinkel, *Auszug aus Nubien*, Berlin, 1977.
Stephen Wenig, *Africa in Antiquity, The art of ancient Nubia and the Sudan*, Brooklyn, 1978.
L'Égypte du crépuscule, vol. III de la série *Les Pharaons*, collection *L'Univers des formes*, sous la direction de Jean Leclant, 1980.
Kerma, royaume de Nubie, sous la direction de Charles Bonnet, Genève, 1990.
Louis V. Žabkar, *Apedemak, Lion God of Meroe*, Warminster, 1992.
Torgny Säve-Söderbergh, *Victoire en Nubie*, U.N.E.S.C.O., 1992.
Catalogue *Nubie, les cultures antiques du Soudan*, textes réunis par Brigitte Gratien et Françoise Le Saout, Lille, 1994.
La Nubie, l'archéologie au Soudan, éditions Faton, Dijon, 1994.
Tormod Eide, Tomas Hägg, Richard H. Pierce, László Török, *Fontes Historiae Nubiorum*, Bergen, vol. I, 1994, vol. II, 1996.
Derek A. Welsby, *The Kingdom of Kush, The Napatan and Meroitic Temples*, Londres, 1996.
Soudan, Royaumes sur le Nil, catalogue sous la direction de Dietrich Wildung, Paris, 1997.

INDEX

Index des noms propres

Index topographique

Crédits photographiques : Toutes les photographies sont de Jürgen Liepe, BERLIN/© Kunsthalle, Munich, Institut du Monde Arabe et Flammarion, Paris, à l'exception de : BOSTON, Museum of Fine Arts 89 ; LONDRES, British Museum 99b ; MUNICH, M. Büsing 38h, 39 ; F. Hinkel 62-63 ; D. Wildung 76-77, 102-103 ; NEW YORK, The Guggenheim Museum 28 ; PARIS, Archives de la mission archéologique de Soleb 47h ; A. Belmenouar 10, 23, 32-33, 44-45, 46, 55, 71, 74, 80-81 ; Bibliothèque nationale de France 14-15, 75 ; Charles Bonnet 64, 70, 72, 96 ; Gamma/E. Brissaud 51 ; Frédéric Cartier-SEDAU 41, 68h-69, 86, 101 ; Dagli Orti 90, 98 ; Francis Geus-Mission archéologique de Sai 78, 99h, 111h ; Magnum/Stuart Franklin 82-83 ; Jacques Montluçon-SEDAU 65b ; Salah el-Naggar 110 ; Réunion des Musées nationaux 30, 65h, 106-107 ; Laurent Schneiter/Hermès communication 50-51 ; Archives de l'U.N.E.S.C.O. 111b ; VANVES, Explorer 4-5, 48-49, 79, 114.

Directeur de la Série Archéologie et Civilisation : Bérénice GEOFFROY-SCHNEITER
Coordination éditoriale : Béatrice PETIT
Assistante d'édition : Chloé JARRY
Direction artistique : Frédéric CÉLESTIN
Infographies : Thierry RENARD
Photogravure, Flashage : Pollina s.a., Luçon
Papier : BVS-Plus brillant 135 g. distribué par Axe Papier, Champigny-sur-Marne
Couverture imprimée par Pollina s.a., Luçon
Achevé d'imprimer et broché en janvier 1997 par Pollina s.a., Luçon

ISBN (Flammarion) : 2-08-012556-7
ISBN (IMA) : 2-906062-99-5
ISSN : 1275-1502
N° d'édition : 1285
N° d'impression : 71198
Dépôt légal : février 1997
Imprimé en France

Pages 4-5 : pyramides de Djébel Barkal.
Page 6 : *Le Roi Taharqa agenouillé.* XXVe dynastie. Bronze, h. 15,5.
Berlin, Ägyptisches Museum und Papyrussammlung.